U0568502

应用型法律人才培养系列教材

WAIMAO JINCHUKOU
ZONGHE SHIXUN

外贸进出口综合实训

苏 帅 高 健 编著

中国政法大学出版社

2015·北京

声　明　　1. 版权所有，侵权必究。

　　　　　　2. 如有缺页、倒装问题，由出版社负责退换。

图书在版编目（ＣＩＰ）数据

外贸进出口综合实训/苏帅, 高健编著. —北京：中国政法大学出版社, 2015.9

ISBN 978-7-5620-6297-4

Ⅰ.①外…　Ⅱ.①苏…②高…　Ⅲ.①进出口贸易－贸易实务－教材　Ⅳ.①F740.4

中国版本图书馆CIP数据核字(2015)第213260号

出 版 者	中国政法大学出版社
地　　址	北京市海淀区西土城路 25 号
邮寄地址	北京 100088 信箱 8034 分箱　邮编 100088
网　　址	http://www.cuplpress.com（网络实名：中国政法大学出版社）
电　　话	010-58908435(第一编辑部) 58908334(邮购部)
承　　印	固安华明印业有限公司
开　　本	720mm×960mm　1/16
印　　张	12.75
字　　数	236 千字
版　　次	2015 年 9 月第 1 版
印　　次	2015 年 9 月第 1 次印刷
印　　数	1～3000 册
定　　价	38.00 元

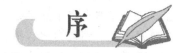

序

党的十八大以来，以习近平同志为总书记的党中央从坚持和发展中国特色社会主义全局出发，提出了全面建成小康社会、全面深化改革、全面依法治国、全面从严治党的"四个全面"战略布局。全面依法治国是实现战略目标的基本方式、可靠保障。法治体系和法治国家建设，同样必须要有法治人才作保障。毫无疑问，这一目标的实现对于法治人才的培养提出了更高的要求。长期以来，中国高等法学教育存在着"培养模式相对单一"、"学生实践能力不强"、"应用型、复合型法律职业人才培养不足"等诸问题，法学教育与法律职业化的衔接存在裂隙。如何培养符合社会需求的法学专业毕业生，如何实现法治人才培养与现实需求的充分对接，已经成为高等院校法律专业面临的重要课题。

法学教育是法律职业化的基础教育平台，只有树立起应用型法学教育理念才能培养出应用型卓越法律人才。应用型法学教育应是"厚基础、宽口径的通识教育"和"与社会需求对接的高层次的法律职业教育"的统一，也是未来法学教育发展的主要方向。具体而言，要坚持育人为本、德育为先、能力为重、全面发展的人才培养理念，形成培养目标、培养模式和培养过程三位一体的应用型法律人才培养思路。应用型法律人才培养的基本目标应当是具备扎实的法学理论功底、丰厚的人文知识底蕴、独特的法律专业思维和法治精神、严密的逻辑分析能力和语言表达能力、崇高的法律职业伦理精神品质。

实现应用型法律人才培养，必须针对法律人才培养的理念、模式、过程、课程、教材、教法等方面进行全方位的改革。其中教材改革是诸多改革要素中的一个重要方面。高水平的适应应用型法律人才培养需求的法学教材，特别是"理论与实际紧密结合，科学性、权威性强的案例教材"，是法学教师与法科学生的知识纽带，是法学专业知识和法律技能的载体，是培养合格的应用型法律人才的重要支撑。

本系列应用型法律人才培养教材以法治人才培养机制创新为愿景，以合格应用型法律人才培养为基本目标，以传授和掌握法律职业伦理、法律专业知识、法律实务技能和运用法律解决实际问题能力为基本要求。在教材选题上，以应用型

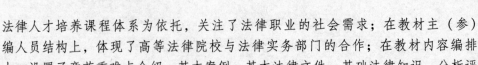

法律人才培养课程体系为依托，关注了法律职业的社会需求；在教材主（参）编人员结构上，体现了高等法律院校与法律实务部门的合作；在教材内容编排上，设置了章节重难点介绍、基本案例、基本法律文件、基础法律知识、分析评论性思考题、拓展案例、拓展性阅读文献等。

希冀本系列应用型法律人才培养教材的出版，能对培养、造就熟悉和坚持中国特色社会主义法治体系的法治人才及后备力量起到绵薄推动作用。

是为序。

李玉福

2015 年 9 月 3 日

前　言

随着我国与世界各国经济往来的日渐深入，我国对外贸人才的要求也变得越来越高。仅仅具备一定的外语语言能力已经远远不够，还需要具备国际贸易业务能力和操作技能。对于学校来说，培养国际经济与贸易专业学生的职业能力已经成为人才培养的重要目标。然而，学校在相应的教学领域特别是实训环节面临诸多困难。针对这个问题，对外经济贸易大学和世格软件提出了网络模拟实训的概念，开发了 SimTrade 外贸实习平台。SimTrade 外贸实习平台定位于外贸相关专业的教学练习、认识实习和专业实习，通过归纳总结整个外贸行业的流程和惯例，建立几近真实的国际贸易虚拟环境，让学生在其中亲身体验国际贸易具体操作流程，增强感性认识，进一步了解、巩固与深化已经学过的外贸知识，培养学生的外贸职业技能。

为了配合 SimTrade 外贸实习平台的使用，世格软件公司编写了相应的实习指导书。然而，该指导书过于简单且不够直观，不能做到理论联系实际，不能引导学生进行思考和深入学习，无法满足学生的实训要求。因此，我们编写了本教材，弥补了原指导书的不足，以求更好地指导学生使用 SimTrade 外贸实习平台。本书以外贸业务流程为主线，以职业能力培养为导向，对实训内容进行了优化、整合，实现了实践实训与理论学习的结合。在形式的阐述上采用实验项目的模式，每个项目的内容主要包括预习要求、实训目的、实训内容、实训步骤、知识链接、知识指南、实训总结、POCIB 小百科。其中，实训步骤按照不同角色列明操作的步骤，不仅有利于学生分角色进行模拟实训，而且有助于学生思考不同操作步骤之间的联系；知识链接对学生操作过程中遇到的单证进行详细的填写说明，有利于学生制单能力的培养；知识指南对每个实验项目所涉及的背景知识进行介绍和梳理，有助于学生对实验项目操作的整体把握。另外，本书结合实训操作过程中的难点，设计了两个实训专题：一个是各种交易条件下的履约流程；一个是进出口价格核算。对于其中的进出口价格核算，我们将提供小软件以便同学们操作及学习之用。

本书具体作者分工如下（以撰写章节先后为序）：

苏帅：第一章、第二章和第三章的实验项目九至实验项目十五

高健：第三章的实验项目一至实验项目八

本书在编写过程中参考和借鉴了大量的教材、学术著作和网络媒体资讯，特别是 SimTrade 外贸实习平台的相关材料。对此谨向原作者和南京世格软件有限责任公司致以衷心的感谢。同时也感谢我校提供自编教材立项项目的机会。

由于编写人员水平所限，加之时间仓促，书中错误之处在所难免。同时，由于每个作者写作风格不同，各个部分难免有欠协调之处。这些不足之处恳请读者海涵，并希望不吝赐教。

编　者

2015 年 3 月

目录CONTENTS

第一章　国际贸易实务的基础知识

本章导读

　　学生需了解国际贸易实务的课程性质、研究对象与特点，熟悉国际贸易的交易种类和交易方式以及相关机构。

第一节　国际贸易的概念

　　国际（International），指国与国间；**贸易**（Trade），指交易、交换或买卖行为。所谓**国际贸易**（International Trade），是指不同国家或地区间的买卖双方从事货物、劳务或技术等交易的行为。根据双方协商约定，卖方应将买卖标的物的所有权或使用权转给买方，而买方则应将货物价款或等值物品交付给卖方。各国之所以能进行互通有无的国际贸易，这是因为世界各国（或各地区）所蕴藏的自然资源不同，人民禀赋有别，生产技能精拙不一，必须藉由国际贸易做有效的调配、分工与利用。货品由本国卖到他国，称为**出口**（Export）；货品由他国买入本国，则称为**进口**（Import）。

第二节　国际贸易的种类

　　国际贸易分类方式有很多种，常见的有：

一、依货物动向分

1. 出口贸易（Export Trade）：将本国所生（出）产的产品卖到外国去，得到的是外国所支付货款的外汇。出口贸易不一定是货物，有可能是技术、专利、知识等。

2. 进口贸易（Import Trade）： 自外国买进他国生产的产品，而不论此产品是否该出口国所生产。进口贸易与出口贸易实际上是一体两面的，一笔交易的成立必有买方与卖方，就买方立场而言，该笔交易就是进口贸易；而就卖方立场而言，则是出口贸易。

3. 过境贸易（Transit Trade）： 货物由出口国输往进口国的运送途中，必须经过第三国，对第三国而言，该笔交易即视为过境贸易。

4. 转口贸易（Intermediary Trade）： 是指货物自出口国运往进口国的过程中，须经由第三国或第三地卸下、储存、重组或改装后，再转运到进口国，这种交易方式称为转口贸易。请参阅图1–1。

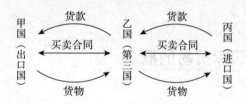

图1–1　转口贸易流程图

二、依货物形态分

1. 有形贸易（Visible Trade）： 交易商品如果是有体积、有重量的有形货物，例如成衣、食品、水泥等，称为有形贸易。有形贸易必须经过海关进出口通关。

2. 无形贸易（Invisible Trade）： 交易商品如果是无形的劳务或服务，例如运输、保险、金融等，则称为无形贸易。

三、依贸易途径分

1. 直接贸易（Direct Trade）： 指进出口买卖双方直接进行交易，中间并无第三者介入，货物或货款也不经过第三地。

2. 间接贸易（Indirect Trade）： 指进出口买卖双方并非直接进行交易，而是通过第三人（佣金代理商）的媒介，间接完成两国之间的贸易。佣金商以服务换取佣金，本身不负盈亏责任。

3. 三角贸易（Triangular Trade）： 指输出国的出口商并未与输入国的进口商直接订约，而是由第三国的中间商以买方的地位与出口商订立购货合同，再以卖方的地位与进口商订立售货合同，从支付的货款中赚取差额利润，但货物则直接从输出国运到输入国。请参阅图1–2。

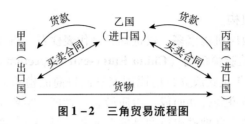

图1－2　三角贸易流程图

第三节　国际贸易交易方式

国际贸易交易方式是指营业地在不同国家或地区的当事人之间进行货物买卖所采取的做法和商品流通渠道。在对外贸易活动中，每一笔进出口交易都是通过一定的贸易方式进行的。国际贸易交易方式包括两大类：

一类是单纯销售方式，如逐笔售定、包销（Exclusive Sale）、代理（Agency）、招投标（Invitation to Tender & Submission of Tender）、寄售（Consignment）、拍卖（Auction）、展卖（Fairs and Sales）等；

另一类是销售和生产融资结合起来的方式，如加工贸易（Processing Trade）、对等贸易（Counter Trade）、补偿贸易（Compensation Trade）、租赁贸易（Renting Trade）、商品期货交易（Futures Trading）等。随着国际贸易的日益发展，贸易方式也在不断发生变化，出现了许多适应时代发展的新的贸易方式。

第四节　国际贸易相关机构

国际贸易的主角为进出口商，二者在行使其权利与完成义务的过程中，各由不同的相关机构或行业管理监督或介入协助，有助于整个交易过程顺利完成。

一、贸易主管机关

中华人民共和国商务部（Ministry of Commerce of the People's Republic of China）是目前主管我国国内外贸易和国际经济合作的国务院组成部门。**对外贸易司（Department of Foreign Trade）**则为商务部下设办公机构，直接管理进出口贸易，其主要职能为拟定各类企业对外贸易经营资格标准和国际货运代理企业资格标准，拟定进出口商品管理办法和进出口商品目录，拟定进出口配额、关税配额管理制度以及贸易推广、制定发展战略等事项。

二、相关政府机构

与贸易有关的政府机构繁多，仅选择较具代表性者，概述如下。

1. 国家出入境检验检疫局（China Entry-exit Inspection and Quarantine Bureau；CIQ）：1998 年正式成立，由原国家进出口商品检验局、卫生部卫生检疫局、农业部动植物检疫局合并而成，由质检总局管理。主要实施进出口商品、动植物产品的法定检验，办理进出口商品鉴定业务，对进出口商品的质量和检验工作实施监督管理。

2. 国家税务总局（State Administration of Taxation；SAT）：统筹规划管理全国的税务工作。

3. 国家知识产权局（State Intellectual Proterty Office；SIPO）：主管专利工作和统筹协调涉外知识产权事宜。

4. 国家外汇管理局（State Administration of Foreign Exchange；SAFE）：主管外汇流向，并统计贸易金额。

5. 海关总署（General Administration of Customs；GAC）：负责进出境监管、征收关税和其他税、查缉走私以及编制海关统计等事项。

6. 财政部（Ministry of Finance；MOF）：主管国家财政收支、财税政策、国有资本金基础工作。

7. 外交部（Ministry of Foreign Affairs；MOFA）：对外商洽经济与技术援助、推广贸易、签订商务协议、协助企业联络参加国际商展等事宜。

8. 国防部（Ministry of National Defense；MOND）：管理军品与军用武器等战略物资的进出口。

9. 教育部（Ministry of Education；MOE）：审理教育文化用品的进出口。

10. 交通部（Ministry of Communications）：扩展国际交通电讯及航运业务。

11. 卫生部（Ministry of Health；MOH）：负责进出口药品、医疗器材、食品及添加物、化妆品等的审核。

三、相关地方机构

主要包括各地分支机构，如各省市出入境检验检疫局、海关等。

四、相关民间机构

1. 中国国际贸易促进委员会（China Council for the Promotion of International Trade；CCPIT）：是由中国经济贸易界有代表性的人士、企业和团体组成的全国民间对外经贸组织。其宗旨为：遵循国家的法律政策，开展促进对外贸易、利用外资、引进外国先进技术及各种形式的中外经济技术合作等活动，促进中国同世界各国、各地区之间的贸易和经济关系的发展，增进中国同世界各国人民以及经贸界之间的了解与友谊。

2. 中国国际经济贸易仲裁委员会（China International Economic and Trade Arbitration Commission；CIETAC）：是以仲裁的方式，独立、公正地解决合同或非合同性质的经济贸易等争议的常设商事仲裁机构。它同时也受理当事人提交的国内仲裁案件。

3. 中国海事仲裁委员会（Maritime Affairs Arbitration Commission of China）：设在中国国际贸易促进委员会内，以仲裁的方式，独立公正地解决产生于远洋、沿海和与海相通的水域的运输、生产和航行过程中的合同或非合同性质的海事争议，以保护当事人的合法权益。

4. 中国海商法协会（China Maritime Law Association；CMLA）：是由全国从事海商、海事、经贸、保险及法律工作的个人和单位组成的专业性民间团体。其主要任务是：组织会员对海商法律、国际公约、海运惯例和习惯做法进行调查和研究；向政府及有关主管机关就海商法立法、司法和行政管理方面的问题提出建议或报告；组织会员收集、整理和编译出版国内外海商法规、案例和有关的文献资料；开展对外交流活动，加强同各国和国际海商法组织、人士的联系，研究国外海商法的发展动向，积极参加国际海事委员会和其他有关国际组织的活动。

5. 中国检验认证（集团）有限公司（China Certification & Inspection（Group）Co.，Ltd.；CCIC）：其主要职能是接受对外贸易关系人的委托，办理各项进出口商品检验鉴定及认证等业务，为之提供顺利交接结算、合理解决索赔争议等方面的服务。

6. 各行业进出口商会：其目的在于借组织力量帮助会员收集资料，促进贸易。例如中国医药保健品进出口商会（www.cccmhpie.org.cn）、中国纺织品进出口商会（www.ccct.org.cn）等。

7. 进出口银行：办理各种进出口融资、担保等业务，为中国企业提供政策性金融服务。

8. 邮局：负责进出口邮件的传递工作。

9. 电信局：提供电话、电报和传真等信息的传递。

10. 保险公司：承办进出口货物运输保险业务。

11. 运输公司：从事出口货物的运载工作。

12. 公证行：对进出口货品执行质、量、包装或价值上的公证报告。

13. 报关行（Customs Broker）：受进出口商委托代办报关、报检、冲退税、代订舱位、仓库及提领货物等事宜。

小结

通过本章学习，能大致了解国际贸易实务课程的性质、研究对象与特点，以及熟悉国际贸易的交易种类、交易方式和相关机构。

思考

1. 国际贸易的研究对象和特征有哪些？
2. 国际贸易的交易种类有哪些？

第二章 履约流程介绍

本章导读

　　学生需了解国际贸易中不同交易方式下的履约流程，熟悉国际贸易的不同交易方式流程的区别。

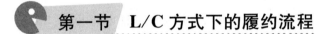

第一节 L/C 方式下的履约流程

　　从签订外销合同，到租船订舱、检验、申领产地证、办理保险、送货、报关、装船出口，直至押汇（或托收）、交单、结汇、核销、退税，是每笔进出口业务必经的过程。SimTrade 外贸实习平台模拟了进出口业务中最常用的结算方式（L/C、T/T、D/P 或 D/A）和贸易术语（FOB、CFR、CIF）。下面以 CIF 下的 L/C 方式为例，分别列出在 SimTrade 环境里，出口地银行、出口商、进口商、进口地银行的进出口合同履约过程，便于使用者理解和实践。

　　一、推销

　　进出口商要将产品打进国际市场，必须先开拓市场，寻找合适的交易对象。可以通过寄送业务推广函电（Sale Letter）或在计算机网络、国外杂志、报刊上刊登产品广告来推销自己，也可通过参加商展、实地到国外考察等途径来寻找交易对象，增进贸易机会。

　　二、询盘

　　又称为询价。进口商收到出口商的业务推广函电或看到广告后，根据自己的需要，对有意进一步洽商的出口商予以询盘（Inquiry），以期达成交易。

　　三、发盘

　　又称为报价。出口商按买主来函要求，先向供货的工厂询盘，然后计算出口报价回函给进口商。这期间可能需要函电多次往返接洽，最后得到关于价格条款的一致意见。

　　四、签订合同

　　国外买主与出口商经一番讨价还价后，就各项交易条件达成一致，正式签订外销合同（Contract 或 Agreement）。

在 SimTrade 中，外销合同可以由出口商起草，也可以由进口商起草，注意起草与确认合同时双方都需填写预算表。

五、领核销单

为保证企业严格按照正常贸易活动的外汇需要来使用外汇，杜绝各种形式的套汇、逃汇、骗汇等违法犯罪行为，我国规定企业对外付汇要通过国家审核，实行进口付汇核销制度。采用信用证结算方式时，进口商须在开证前到外汇指定银行领取《贸易进口付汇核销单（代申报单）》，凭以办理进口付汇手续；其他结算方式下则在付款前领此单。

六、申请开信用证

进口商填妥付汇核销单后，再开具《不可撤销信用证开证申请书》（Irrevocable Documentary Credit Application），向其有往来的外汇银行申请开立信用证。

七、开信用证

开证银行接受申请并根据申请书开立信用证（Letter of Credit；L/C），经返还进口商确认后，将信用证寄给出口地银行（在出口国称通知银行），请其代为转送给出口商。

八、通知信用证

出口地银行填妥《信用证通知书》（Notification of Documentary Credit），将信用证通知出口商。

九、接受信用证

出口商收到通知银行送来的信用证后，经审核无误，接受信用证，即可开始备货、装船等事宜。如信用证有误，可要求进口商修改。

十、指定船公司

在 CIF 或 CFR 术语下，出口商一边备货，一边还要寻找合适的船公司，以提前做好装运准备；在 FOB 术语下，此步骤则应由进口商完成。

十一、订舱

确定好船公司后，出口商即应根据相应的船期，配合装运期限进行订舱，经船公司接受后发给配舱通知，凭以填制其他单据，办理出口报关及装运手续。

十二、申请检验

出口商根据信用证的规定填写《出境货物报检单》（Application for Certificate of Export Inspection），并备齐商业发票、装箱单等相关文件向出入境检验检疫局申请出口检验。

十三、取得检验证明

检验机构经对商品检验合格后，签发《出境货物通关单》；并根据出口商的要求，签发相应的商检证书，如品质证书、健康证书等。

十四、申领产地证

出口商填妥相应的产地证明书向相关单位申请签发，其中《原产地证明书》（Certificate of Origin）与《普惠制产地证明书》（Generalized System of Preferences Certificate of Origin "Form A"）应向出入境检验检疫局申请，而《输欧盟纺织品产地证》则应向商务部授权的纺织品出口证书发证机构申请。

十五、签发产地证

相关机构经过审核，根据出口商的申请，签发相应的产地证书。

十六、办理保险

在 CIF 术语下，保险由出口商办理，出口商须根据信用证的规定填写《货物运输保险投保单》（Cargo Transportation Insurance Application），并附商业发票向保险公司投保。

注意：交易条件如是 CIF，保险由出口商办理；若是 FOB 或 CFR，则应由进口商办理保险。

十七、取得保险单

保险公司承保后，签发《货物运输保险单》（Cargo Transportation Insurance Policy）给出口商。

十八、申领核销单

我国法律规定，境内出口单位向境外出口货物，均应当办理出口收汇核销手续。出口商在报关前，须到外汇管理局申领《出口收汇核销单》。

十九、核销备案

填妥核销单后，出口商即可凭以向海关申请核销备案。

二十、货物送到指定地点

出口商办完以上各项手续后，将货物送抵指定的码头或地点，以便报关出口。

二十一、报关

送出货物后，出口商填妥《出口货物报关单》，并备齐相关文件（出口收汇核销单、商业发票、装箱单、出境货物通关单等），向海关投单报关。

二十二、办理出口通关手续

海关审核单据无误后即办理出口通关手续，签发加盖验讫章的核销单与报关单（出口退税联）给出口商，以便其办理核销与退税。

二十三、装船出运

通关手续完成后，货物即装上船，开航。

二十四、取回提单（B/L）

船公司须等到货物已装上船（B/L 上有记载 On Board Date）并起航后才签发提单，因此货物出运后，出口商就可到船公司领取《海运提单》（Bill of Lading；B/L）。

二十五、发送装运通知

出口商将货物运出后，应向买主寄发《装运通知》（Shipping Advice）。尤其是在 FOB、CFR 术语下，保险由买方自行负责时，出口商须尽快发送《装运通知》以便买方凭此办理保险事宜。

二十六、备齐相关单据办理押汇

货物装运出口后，出口商按 L/C 上规定，备妥相关文件（商业发票、装箱单、海运提单、货物运输保险单、商检证书、产地证、信用证等），并签发以进口商为付款人的汇票（Bill of Exchange），向出口地银行要求押汇（Negotiation）。以出口单据作为质押，向银行取得融资。

二十七、通知结汇，给付收汇核销单

押汇单据经押汇银行验审，与信用证的规定相符的，即拨付押汇款，通知出口商可以结汇，同时收取一定押汇费用。此外，银行还将出具加盖"出口收汇核销专用联章"的《出口收汇核销专用联》给出口商。

二十八、核销

出口商凭出口收汇核销专用联及其他相关文件（出口收汇核销单送审登记表、报关单、出口收汇核销单、商业发票等）向外管局办理核销，办理完成后，外管局发还出口收汇核销单（第三联）。

二十九、出口退税

核销完成后，出口商再凭出口收汇核销单（第三联）、报关单（出口退税联）与商业发票前往国税局办理出口退税。

三十、议付后交单

押汇银行议付后，将押汇单据发送到国外开证银行，要求偿付押汇款。

三十一、拨付货款

开证银行审单，与信用证条款核对无误的，拨付押汇款（即承兑）给出口地银行。

三十二、通知赎单

开证银行向进口商要求缴清货款。由于当初进口商在向开证银行申请开立信用证时，大部分的信用证金额尚未付清，而出口商已经在出口地押汇（抵押融资），所以开证银行应通知进口商缴清余款，将押汇单据赎回。

三十三、付款

进口商向开证银行缴清货款，同时需将之前领取的贸易进口付汇核销单交给银行审核。

三十四、给付单据

进口商付款后，自开证银行处取回所有单据（即出口商凭以押汇的文件）。

三十五、到货通知

此时，货物已运抵进口国的目的港，船公司通知进口商来换取提货单。

三十六、交提单，换取提货单

进口商向船公司缴交提单（B/L），换取提货单（Delivery Order；D/O）。尤其当进口商是在 FOB 术语下买入货物时，进口商唯有向船公司缴清运费及杂费，并将 B/L 向船公司换取 D/O 后，才能向海关提出要求报关，表明进口商已获得船公司同意可以提领货物。

三十七、申请检验

进口商填写《入境货物报检单》（Application for Certificate of Import Inspection），并备齐提货单、商业发票、装箱单等文件向出入境检验检疫局申请进口检验。

三十八、取得检验证明

检验机构经对商品检验合格后，签发《入境货物通关单》给进口商。

三十九、报关

进口商备齐进口货物报关单、提货单、商业发票、装箱单、入境货物通关单、合同等文件，向海关投单报关。

四十、缴税

进口商应向海关缴清各项税款，应纳税捐包括进口关税、增值税与消费税等。

四十一、办理进口通关手续

海关审单通过，办理进口通关手续。

四十二、提货

海关放行后，进口商即可至码头或货物存放地提领货物。

四十三、付汇核销

最后，进口商还要凭进口付汇到货核销表、进口货物报关单及进口付汇核销单到外汇管理局办理付汇核销。

第二节 T/T 方式下的履约流程

从签订外销合同，到租船订舱、检验、申领产地证、办理保险、送货、报关、装船出口，直至押汇（或托收）、交单、结汇、核销、退税，是每笔进出口业务必经的过程。在 T/T 方式下，进口商不需向银行申请开发信用证，有关信用证部分的流程都可省去。出口商在办完报关等手续后，不再采用"押汇"方式向银行交付单据，而是在"单据列表"页面中直接将单据送进口商。进口商收到单据可直接办理相关手续，待销货收回资金后再付款给进口商。进口商付款后，银行才能通知出口商结汇。

一、推销

进出口商要将产品打进国际市场，必须先开拓市场，寻找合适的交易对象。可以通过寄送业务推广函电（Sale Letter）或在计算机网络、国外杂志、报刊上刊登产品广告来推销自己，也可通过参加商展、实地到国外考察等途径来寻找交易对象，增进贸易机会。

二、询盘

又称为询价。进口商收到出口商的业务推广函电或看到广告后，根据自己的需要，对有意进一步洽商的出口商予以询盘（Inquiry），以期达成交易。

三、发盘

又称为报价。出口商按买主来函要求，先向供货的工厂询盘，然后计算出口报价回函给进口商。这期间可能需要函电多次往返接洽，最后得到关于价格条款的一致意见。

四、签订合同

国外买主与出口商经一番讨价还价后，就各项交易条件达成一致，正式签订外销合同（Contract 或 Agreement）。

在 SimTrade 中，外销合同可以由出口商起草，也可以由进口商起草，注意起草与确认合同时双方都需填写预算表。

五、领核销单

为保证企业严格按照正常贸易活动的外汇需要来使用外汇，杜绝各种形式的套汇、逃汇、骗汇等违法犯罪行为，我国规定企业对外付汇要通过国家审核，实行进口付汇核销制度。采用信用证结算方式时，进口商须在开证前到外汇指定银行领取《贸易进口付汇核销单（代申报单）》，凭以办理进口付汇手续；其他结算方式下则在付款前领此单。

六、境外汇款

进口商填写境外汇款申请书。点"单据中心"，再点"添加新单据"，在弹出画面中点击"境外汇款申请书"对应的"添加"按钮（鼠标移到该条目上方可显示按钮），然后回到单据中心，点击境外汇款申请书，打开单据填写。**进口商**付款进入"My City"，点标志为"银行"的建筑物，在弹出页面中点"付款"，选择合同为该笔合同，添加单据（境外汇款申请书），然后点击"办理"，完成付款。

七、入账通知

出口商收取银行发来的进口商已付款的入账通知。

八、备货

出口商备货，进入"My City"，点标志为"国内工厂"的建筑物，在弹出画面点"购买商品"，点击进入商品的详细资料画面，在下方输入交易数量 2000，然后点击"购买"，完成商品订购。等待一段时间后（时间长短依赖于商品日产量），将收到国内工厂发来的货物生产完成的通知，在"My Stock"里可看到商品已在库存列表中。

九、租船订舱

出口商在单据中心添加"商业发票"、"装箱单"和"国际海运委托书"并填写。相关单据填写完成后，在"My City"里点"国际货运有限公司"（海运部），在弹出画面点"订舱"，选择合同为该笔合同，添加单据（国际海运委托书、商业发票、装箱单），然后点击"办理"，完成订舱申请。等待一段时间后，将收到国际货运有限公司发来的已成功订舱通知，在单据中心里可看到货运公司签发的"配舱回单"。

十、出口报检

出口商在单据中心添加"出境货物报检单"并填写，单据填写完成后，在"My City"里点"出入境检验检疫局"，在弹出画面点"出口报检"，选择合同为该笔合同，添加单据（出境货物报检单、商业发票、装箱单、合同），然后点击"办理"，完成出口报检申请。等待一段时间后，将收到出入境检验检疫局发来的已完成检验的通知，在单据中心里可看到出入境检验检疫局签发的"出境货物通关单"及其他报检单上勾选申请的检验证书。

十一、申领产地证

出口商申请产地证（注：如果进口国为美国，需申请一般原产地证书；其他国家可申请普惠制产地证）。在单据中心添加"普惠制产地证"并填写，单据填写完成后，在"My City"里点"出入境检验检疫局"，在弹出画面点"申请证明"，选择合同为该笔合同，添加单据（普惠制产地证、商业发票、装箱单），然后点击"办理"，完成证书申请。等待一段时间后，将收到出入境检验检疫局发来的证书申请已完成的通知，在单据中心里可看到出入境检验检疫局盖章签发的"普惠制产地证"。

十二、办理保险

出口商在单据中心添加"投保单"并填写。单据填写完成后，在"My City"里点"保险公司"，在弹出画面点"投保"，选择合同为该笔合同，添加单据（投保单、商业发票），然后点击"办理"，完成保险申请。等待一段时间后，将收到保险公司发来的保险办理完成的通知，在单据中心里可看到保险公司签发的"货物运输保险单"。

十三、送货

出口商在货物生产完成后，在"My City"里点"海关"，在弹出画面点"送货"，选择合同为该笔合同，添加单据（注：除化学药品需要提交货物运输条件鉴定书外，其他商品此处不需提交单据），然后点击"办理"，完成送货。（注：当合同采用T/T＋空运方式时，出口商也可于此处一并添加出口单据，与T/T交单性质相同，单据将于货物抵达时送至进口商处，进口商取提货单时即可拿到单据。）

十四、出口报关

出口商在单据中心添加"出口货物报关单"并填写。单据填写完成后，在"My City"里点"海关"，在弹出画面点"出口报关"，选择合同为该笔合同，添加单据（出口货物报关单、商业发票、装箱单、出境货物通关单），然后点击"办理"，完成报关申请。等待一段时间后，将陆续收到海关发来的已通关的通知、货物自动出运的通知。此时在单据中心能查看到工厂自动签发的"增值税专用发票"以及国际货运有限公司签发的"国际货物运输代理业专用发票"。

十五、支付运费

出口商在货物出运后，出口商即可支付运费。在单据中心添加"境内汇款申请书"并填写。单据填写完成且货物出运后，在"My City"里点"银行"，在弹出画面点"支付运费"，选择合同为该笔合同，添加单据（境内汇款申请书、国际货物运输代理业专用发票），然后点击"办理"，完成运费支付。

十六、取提单

出口商（注：空运方式下提单为自动发放，不需再取提单）在"My City"

里点"国际货运有限公司"（海运部），在弹出画面点"取提单"，选择合同为该笔合同，添加单据（配舱回单），然后点击"办理"，取回提单。

十七、通知装运

出口商到"My Business"进入该笔业务的业务联系画面，点"写消息"，选择业务种类为"通知装运"，输入标题与内容（通常包括船名、航次、开船日期、预计到达日期等内容），然后点击"发送消息"，完成通知装运。

十八、寄送货运单据

出口商在"My City"里点"邮局"，在弹出画面点"T/T寄单"，选择合同为该笔合同，添加单据［商业发票、装箱单、海运提单、货物运输保险单、普惠制产地证明书、商检证书－品质证书、商检证书－健康证书、数量/重量证书、植物检疫证书（对于后面五张证书，因本例合同以及报检申请书中有申请，因此需要提交，如果没有申请此处可不提交），严禁提交多余单据，提交的单据必须与合同规定的完全一致］，然后点击"办理"，将单据寄给进口商。

十九、办理国际收支网上申报

出口商在"My City"里点"外汇管理局"，在弹出画面点"国际收支申报"，将申报信息录入页面，点击查看填写说明。

等待一段时间后，将收到外管局发来的国际收支网上申报已通过审核的消息。

二十、办理出口退税

出口商（注：如果商品没有退税，则此步骤不需要进行）在"My City"里点"税务局"，在弹出画面点"申请出口退税"，选择合同为该笔合同，添加单据［商业发票、增值税专用发票、报关单（出口退税联）（这张单据由海关在通关后签发，需等待较长时间，具体时间请查看各机构业务办理时间一览表）］，然后点击"办理"，完成退税申请。等待一段时间后，将收到税务局发来的已完成退税的通知。

二十一、结汇

出口商（注：并非每笔业务都一定要结汇，出口商可根据自己的账户资金状况决定是否需要通过结汇将外币账户内的资金转入本币账户中）收到货款后，在"My City"里点"银行"，在弹出画面点"结汇"，选择要结汇的外币账户，然后在下方输入要结汇的金额（不能超过该外币账户现有金额），点击"办理"，完成结汇。

二十二、装运通知

进口商收取出口商发来的装运通知、单据到达通知，取得货运单据。货物完成运输抵达进口港时，进口商还将收到货物到达通知。

注意：货物在运输过程中有可能遇到意外造成损失，这时，如果已经投保，进口商就应到保险公司办理索赔；索赔完成后，不需要再进口报检和报关，只要于付款后办理外汇监测系统网上申报，即可完成合同。

二十三、取提货单

进口商在"My City"里点"国际货运有限公司"（海运部），在弹出画面点"取提货单"，选择合同为该笔合同，添加单据（海运提单），然后点击"办理"，换取提货单。

二十四、进口报检

进口商在单据中心添加"入境货物报检单"并填写。单据填写完成后，在"My City"里点"出入境检验检疫局"，在弹出画面点"进口报检"，选择合同为该笔合同，添加单据［入境货物报检单、商业发票、装箱单、合同、提货单、普惠制产地证明书，商检证书－品质证书、商检证书－健康证书、数量/重量证书、植物检疫证书（合同上没有列明的证书不提交）］，然后点击"办理"，完成进口报检申请。等待一段时间后，将收到出入境检验检疫局发来的已完成检验的通知，在单据中心里可看到出入境检验检疫局签发的"入境货物通关单"。

二十五、进口报关

进口商在单据中心添加"进口货物报关单"并填写。单据填写完成后，在"My City"里点"海关"，在弹出画面点"进口报关"，选择合同为该笔合同，添加单据（进口货物报关单、提货单、合同、商业发票、装箱单、入境货物通关单），然后点击"办理"，完成报关申请。等待一段时间后，将收到海关发来的要求缴纳税费的通知，在单据中心里可以看到海关签发的"海关进口关税专用缴款书"、"海关进口增值税专用缴款书"和"海关进口消费税专用缴款书"（**本例中商品没有进口消费税，因此没有这张单据，其他部分商品会有**）。

二十六、缴税

进口商在"My City"里点"海关"，在弹出画面点"进口缴税"，选择合同为该笔合同，添加单据［海关进口增值税专用缴款书、海关进口增值税专用缴款书、海关进口消费税专用缴款书（本例中商品没有进口消费税，因此没有这张单据，其他部分商品会有）］，然后点击"办理"，缴纳税费。等待一段时间后，将收到海关发来的已通关的通知，在单据中心里可以看到海关签发的"进口报关单（付汇证明联）"。

二十七、提货

进口商在"My City"里点"海关"，在弹出画面点"提货"，选择合同为该笔合同，添加单据（**提货单**），然后点击"办理"，提领货物。

二十八、办理外汇监测系统网上申报

进口商（日清贸易） 在"My City"里点"外汇管理局"，在弹出画面点"外汇监测系统网上申报"，在信息录入页面点击查看填写说明。

二十九、销货

进口商在进口货物后，可在"My City"里点"市场"，在弹出画面点"售出商品"，点击进入商品的详细资料画面，在下方输入交易数量 2000，然后点击"售出"，完成商品销售，回收资金。

第三节 D/A、D/P 方式下的履约流程

从签订外销合同，到租船订舱、检验、申领产地证、办理保险、送货、报关、装船出口，直至押汇（或托收）、交单、结汇、核销、退税，是每笔进出口业务必经的过程。在 D/A 方式下，进口商无需向银行申请开发信用证，有关信用证部分的流程都可省去。出口商在办完报关等手续后，不再采用"押汇"方式向银行交付单据，而是采用"托收"方式，出口地银行也无需垫付款项，进口地银行同样无需垫付款项，可直接通知进口商前来赎单；进口商赎单时无需付款，可先承兑，在汇票到期日前付款即可。进口商付款后，银行才能通知出口商结汇。

一、推销

进出口商要将产品打进国际市场，必须先开拓市场，寻找合适的交易对象。可以通过寄送业务推广函电（Sale Letter）或在计算机网络、国外杂志、报刊上刊登产品广告来推销自己，也可通过参加商展、实地到国外考察等途径来寻找交易对象，增进贸易机会。

二、询盘

又称为询价。进口商收到出口商的业务推广函电或看到广告后，根据自己的需要，对有意进一步洽商的出口商予以询盘（Inquiry），以期达成交易。

三、发盘

又称为报价。出口商按买主来函要求，先向供货的工厂询盘，然后计算出口报价回函给进口商。这期间可能需要函电多次往返接洽，最后得到关于价格条款的一致意见。

四、签订合同

国外买主与出口商经一番讨价还价后，就各项交易条件达成一致，正式签订外销合同（Contract 或 Agreement）。

在 SimTrade 中，外销合同可以由出口商起草，也可以由进口商起草，注意起草与确认合同时双方都需填写预算表。

五、领核销单

为保证企业严格按照正常贸易活动的外汇需要来使用外汇，杜绝各种形式的套汇、逃汇、骗汇等违法犯罪行为，我国规定企业对外付汇要通过国家审核，实行进口付汇核销制度。采用信用证结算方式时，进口商须在开证前到外汇指定银行领取《贸易进口付汇核销单（代申报单)》，凭以办理进口付汇手续；其他结算方式下则在付款前领此单。

六、备货

出口商进入"My City"，点标志为"国内工厂"的建筑物，在弹出画面点"购买商品"，点击进入商品的详细资料画面，在下方输入交易数量 9000，然后点击"购买"，完成商品订购。等待一段时间后（时间长短依赖于商品日产量），将收到国内工厂发来的货物生产完成的通知，在"My Stock"里可看到商品已在库存列表中。

七、租船订舱

出口商在单据中心添加"商业发票"、"装箱单"和"国际海运委托书"并填写，相关单据填写完成后，在"My City"里点"国际货运有限公司"（海运部），在弹出画面点"订舱"，选择合同为该笔合同，添加单据（**国际海运委托书、商业发票、装箱单**），然后点击"办理"，完成订舱申请。等待一段时间后，将收到国际货运有限公司发来的已成功订舱通知，在单据中心里可看到货运公司签发的"配舱回单"。

八、出口报检

出口商在单据中心添加"出境货物报检单"，填写单据。填写完成后，在"My City"里点"出入境检验检疫局"，在弹出画面点"出口报检"，选择合同为该笔合同，添加单据（**出境货物报检单、商业发票、装箱单、合同**），然后点击"办理"，完成出口报检申请。等待一段时间后，将收到出入境检验检疫局发来的已完成检验的通知，在单据中心里可看到出入境检验检疫局签发的"出境货物通关单"及其他报检单上勾选申请的检验证书。

九、申领产地证

出口商（注：**如果进口国为美国，需申请一般原产地证书；其他国家可申请**

普惠制产地证）在单据中心添加"普惠制产地证"并填写，单据填写完成后，在"My City"里点"出入境检验检疫局"，在弹出画面点"申请证明"，选择合同为该笔合同，添加单据（**普惠制产地证、商业发票、装箱单**），然后点击"办理"，完成证书申请。等待一段时间后，将收到出入境检验检疫局发来的证书申请已完成的通知，在单据中心里可看到出入境检验检疫局盖章签发的"普惠制产地证"。

十、办理保险

出口商在单据中心添加"投保单"并填写，单据填写完成后，在"My City"里点"保险公司"，在弹出画面点"投保"，选择合同为该笔合同，添加单据（**投保单、商业发票**），然后点击"办理"，完成保险申请。等待一段时间后，将收到保险公司发来的保险办理完成的通知，在单据中心里可看到保险公司签发的"货物运输保险单"。

十一、送货

出口商在货物生产完成后，在"My City"里点"海关"，在弹出画面点"送货"，选择合同为该笔合同，添加单据（注：除**化学药品**需要提交货物运输条件鉴定书外，其他商品此处不需提交单据），然后点击"办理"，完成送货。

十二、出口报关

出口商在单据中心添加"出口货物报关单"并填写，单据填写完成后，在"My City"里点"海关"，在弹出画面点"出口报关"，选择合同为该笔合同，添加单据（**出口货物报关单、商业发票、装箱单、出境货物通关单**），然后点击"办理"，完成报关申请。等待一段时间后，将陆续收到海关发来的已通关的通知、货物自动出运的通知。此时在单据中心能查看到工厂自动签发的"增值税专用发票"以及国际货运有限公司签发的"国际货物运输代理业专用发票"。

十三、取提单

出口商（注：空运方式下提单为自动发放，不需再取提单）在"My City"里点"国际货运有限公司"（海运部），在弹出画面点"取提单"，选择合同为该笔合同，添加单据（**配舱回单**），然后点击"办理"，取回提单。

十四、通知装运

出口商到"My Business"进入该笔业务的业务联系画面，点"写消息"，选择业务种类为"通知装运"，输入标题与内容（通常包括船名、航次、开船日期、预计到达日期等内容），然后点击"发送消息"，完成通知装运。

十五、支付运费

出口商在货物出运后，即可支付运费。在单据中心添加"境内汇款申请书"

并填写。单据填写完成后，在"My City"里点"银行"，在弹出画面点"支付运费"，选择合同为该笔合同，添加单据（境内汇款申请书、国际货物运输代理业专用发票），然后点击"办理"，完成运费支付。

十六、交单

出口商填写汇票与托收委托书。在单据中心添加"汇票"和"托收委托书"并填写，在"My City"里点"银行"，在弹出画面点"交单"，选择合同为该笔合同，添加单据［商业发票、装箱单、海运提单、货物运输保险单、汇票、托收委托书、普惠制产地证（关于后面一张证书，因本例中有申请，因此需要提交，如果没有申请此处可不提交，严禁提交多余单据，提交的单据必须与合同规定的完全一致）］，然后点击"办理"，完成交单。等待一段时间后，进口商（日清贸易）将收到银行发来的赎单通知。

十七、承兑

进口商（注：D/A 方式此处只要承兑就能赎单，在汇票到期日前付款即可）收到银行的赎单通知后填写单据列表里的对外付款/承兑通知书，在"同意承兑并到期付款"选项前打钩保存单据即可，在"My City"里点"银行"，在弹出画面点"承兑"，选择合同为该笔合同，添加单据（对外付款/承兑通知书），然后点击"办理"，完成承兑。

十八、取回单据

进口商付款后，在"My City"里点"银行"，在弹出画面点"取回单据"，选择合同为该笔合同，然后点击"办理"，取回单据。

十九、装运通知

进口商（日清贸易）收取出口商发来的装运通知、单据到达通知，取得货运单据。货物完成运输抵达进口港时，进口商还将收到货物到达通知。（注：货物在运输过程中有可能遇到意外造成损失，这时，如果已经投保，进口商就应到保险公司办理索赔；索赔完成后，不需要再进口报检和报关，只要于付款后办理外汇监测系统网上申报，即可完成合同。）

二十、取提货单

进口商在"My City"里点"国际货运有限公司"（海运部），在弹出画面点"取提货单"，选择合同为该笔合同，添加单据（海运提单），然后点击"办理"，换取提货单。

二十一、进口报检

进口商在单据中心添加"入境货物报检单"并填写，单据填写完成后，在"My City"里点"出入境检验检疫局"，在弹出画面点"进口报检"，选择合同为该笔合同，添加单据［**入境货物报检单、商业发票、装箱单、合同、提货单、普惠制产地证明书（如果没有此单据则不提交）**］，然后点击"办理"，完成进口报检申请。等待一段时间后，将收到出入境检验检疫局发来的已完成检验的通知，在单据中心里可看到出入境检验检疫局签发的"<u>入境货物通关单</u>"。

二十二、进口报关

进口商在单据中心添加"进口货物报关单"并填写，单据填写完成后，在"My City"里点"海关"，在弹出画面点"进口报关"，选择合同为该笔合同，添加单据（**进口货物报关单、提货单、合同、商业发票、装箱单、入境货物通关单**），然后点击"办理"，完成报关申请。等待一段时间后，将收到海关发来的要求缴纳税费的通知，在单据中心里可以看到海关签发的"<u>海关进口关税专用缴款书</u>"、"<u>海关进口增值税专用缴款书</u>"和"<u>海关进口消费税专用缴款书</u>"（本例中商品有进口消费税，因此有这张单据，其他部分商品没有）。

二十三、缴税

进口商在"My City"里点"海关"，在弹出画面点"进口缴税"，选择合同为该笔合同，添加单据［**海关进口关税专用缴款书、海关进口增值税专用缴款书、海关进口消费税专用缴款书（如果没有则不需提交）**］，然后点击"办理"，缴纳税费。等待一段时间后，将收到海关发来的已通关的通知，在单据中心里可以看到海关签发的"<u>进口报关单（付汇证明联）</u>"。

二十四、提货

进口商在"My City"里点"海关"，在弹出画面点"提货"，选择合同为该笔合同，添加单据（**提货单**），然后点击"办理"，提领货物。

二十五、付款

进口商在"My City"里点"银行"，在弹出画面点"付款"，选择合同为该笔合同，添加单据"对外付款/承兑通知书"。

二十六、办理外汇监测系统网上申报

进口商（日清贸易）在"My City"里点"外汇管理局"，在弹出画面点"外汇监测系统网上申报"，信息录入页面请点击查看<u>填写说明</u>。

二十七、办理国际收支网上申报

出口商收取银行发来的进口商已付款的入账通知，在"My City"里点"外汇管理局"，在弹出画面点"国际收支申报"，申报信息录入页面请点击查看<u>填写说明</u>；等待一段时间后，将收到外管局发来的国际收支网上申报已通过审核的消息。

二十八、办理出口退税

出口商（注：如果商品没有退税，则此步骤不需要进行）在国际收支网上申报完成后，在"My City"里点"税务局"，在弹出画面点"申请出口退税"，选择合同为该笔合同，添加单据 [商业发票、增值税专用发票、报关单（出口退税联）（这张单据由海关在通关后签发，需等待较长时间，具体时间请查看各机构业务办理时间一览表）]，然后点击"办理"，完成退税申请。等待一段时间后，将收税务局发来的已完成退税的通知。

二十九、结汇

出口商（注：并非每笔业务一定要结汇，出口商可根据自己的账户资金状况决定是否需要通过结汇将外币账户内的资金转入本币账户中）收到货款后，在"My City"里点"银行"，在弹出画面点"结汇"，选择要结汇的外币账户，然后在下方输入要结汇的金额（不能超过该外币账户现有金额），点击"办理"，完成结汇。

三十、销货

进口商在进口货物后，可在"My City"里点"市场"，在弹出画面点"售出商品"，点击进入商品 **04010 木雕装饰** 的详细资料画面，在下方输入交易数量 **9000**，然后点击"售出"，完成商品销售，回收资金。

 小结

通过本章学习，能大致了解国际贸易中不同交易方式下的履约流程，并熟悉国际贸易不同交易方式在流程上的区别。

❓思考

1. 国际贸易中常见的四种交易方式是什么？
2. 国际贸易不同交易方式的流程有哪些区别？

第三章　外贸进出口业务综合实训

 实验项目一　交易准备

本章导读

　　学生需虚拟一个出口公司和进口公司，并思考公司名称，撰写公司简介。并针对本公司的经营范围，考虑营销策略，思考本公司及产品的广告用语，并创建与虚拟的进出口公司对应的进出口地银行和工厂。

［实训内容］

1. 创建出口公司和进口公司，进行交易前准备。

2. 创建国内工厂，进行交易前准备。

3. 创建出口地和进口地银行。

［实训目的］

熟悉各角色基本画面，掌握广告宣传与市场调查的方法。

［实训步骤］

一、进口商操作

（一）创建公司

　　1. 以进口商的身份登录，点"Profile（资料）"，可查看注册资金、账号、所属国家（SimTrade 系统自动分配）、单位代码、邮件地址等资料，其他未添加项目应逐项完善。

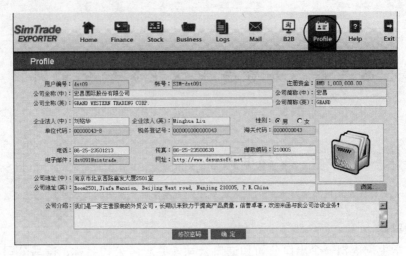

虚拟的进口公司

公司全称：APPLE ELECTRIC TRADING CO., LTD.

公司简称：APPLE ELECTRIC

企业法人：Jobs

电话：0019259330695

传真：0019259330696

网址：http://www.apple.com

公司地址（注意应根据所属国家来填写）：785 Ygnacio Valley Rd., Walnut Creek, California, United States

公司介绍：Our company is a leading importer of home appliances enjoying good reputation!

注：点击"浏览"按钮可添加公司 LOGO，LOGO 最好使用 GIF 或 JPG 格式的图片，尺寸建议在 120＊120（像素）左右。

2. 填写完毕后，点"确定"。

小贴士

进口商的公司信息参考阿里巴巴国际网（www.alibaba.com）中相应国家公司的商业信息加以修改和完善即可。Co. Ltd.（Limited Company）是有限责任公司的意思，类似的还有 LLC（Limited Liability Company）、Corp.（Corporation）、Inc.（Incorporated），例如 Dalian Field Manufacturing Co. Ltd., NDP Media Corp., Apple Computer Inc.。

（二）发布公司广告

1. 点"Business（业务中心）"，再点标志为"广告公司"的建筑物。

2. 在弹出页面中点"发布广告"，逐项填写如下：

输入标题：Our company is a leading importer of home appliances！

输入关键字：Home Appliances

选择发布类型为"公司广告"。

输入内容：Our company is a leading importer of home appliances，please contact with us！email：user2@ simtrade.

注：公司广告内容必须包含公司的电子邮箱地址。Simtrade 自动为每一个角色分配一个电子邮件地址，可在各角色"Profile（资料）"页面中查到。

3. 填写完毕后，点"确定"，成功发布公司广告。

 小贴士

公司为了更好地寻找合作伙伴，在发布公司广告时最好详细说明自己的经营范围。Simtrade 中进出口商交易的商品必须是系统内已有的商品，同学们可以点击"B2B（淘金网）"，在"产品展示"中查看系统中可以交易的产品，以此确定本公司的经营范围。

（三）寻找商机

1. 点"B2B（淘金网）"，在首页上可查看通知以及各类市场信息与供求信息；

2. 点界面上方的"产品展示",在自己的经营范围内选择一种或多种商品进行交易(本例中选择商品 21001 滚筒洗衣机);

3. 点"公司库",可看到所有公司信息,可从中选择合适的公司作为交易对象,注意记录交易对象的电子邮箱。

注:查找产品和公司可以使用系统自带的搜索功能。

(四)发布信息

1. 选定商品后,回到"Business(业务中心)"中"广告公司"页面,再点"发布信息",逐项填写如下:

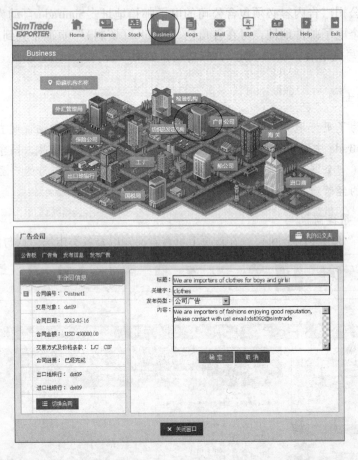

输入标题:We are in the market for Platen Washing Machines!

输入关键字:Platen Washing Machines

选择发布类型为"需求信息"。

输入内容：We are in the market for Platen Washing Machines，please contact with us！email：user2@ simtrade.

小贴士

实际交易时，需求信息应当说明求购商品的准确品名、数量、质量、交货方式和时间等详细信息。在阿里巴巴中，需求信息以 RFQ（Request For Quotation）的形式出现，一般无法直接获取采购商的信息。

2. 填写完毕后，点"确定"，成功发布信息。

（五）退出登录

点界面上方按钮"Exit（退出）"，退出登录。

二、出口商操作

（一）创建公司

1. 以出口商的身份登录，点界面上方的"Profile（资料）"按钮，可查看公司注册资金、账号、单位代码、邮件地址等资料，其他未添加项目应逐项完善。

小案例

虚拟的出口公司

公司全称（中文）：国商电器进出口公司

公司全称（英文）：GUOSHANG ELECTRIC IMPORT&EXPORT COMPANY

公司简称（中文）：国商

公司简称（英文）：GUOSHANG

企业法人（中文）：高健

企业法人（英文）：Alex Gao

电话：86 – 21 – 23500636

传真：86 – 21 – 23500638

邮政编码：200001

网址：http：//www. guoshang. com

公司地址（中文）：上海市延安西路世贸大厦2501室

公司地址（英文）：Room2501，Shimao Mansion，Yanan West Road，Shanghai 200001，P. R. China

公司介绍：我们是一家主营电器进出口的外贸公司，长期以来致力于高质量家用电器的进出口，在国内享有信誉，欢迎来函与我公司洽谈业务！

注：点击"浏览"按钮可添加公司 LOGO，LOGO 最好使用 GIF 或 JPG 格式的图片，尺寸建议在 120 * 120（像素）左右。

小贴士

中文地址的排列顺序是由大到小，如×国×省×市×区×路×号；而英文地址则刚好相反，是由小到大，如×号，×路，×区，×市，×省，×国。常用翻译有：室：Room，号：No.，单元：Unit，楼：Building，街道：Street，路：Road，区：District，县：County，镇：Town，市：City，省：Province。

2. 填写完毕后，点"确定"。

（二）发布公司广告

1. 点"Business（业务中心）"，再点标志为"广告公司"的建筑物，在弹出页面中点"发布广告"，逐项填写如下：

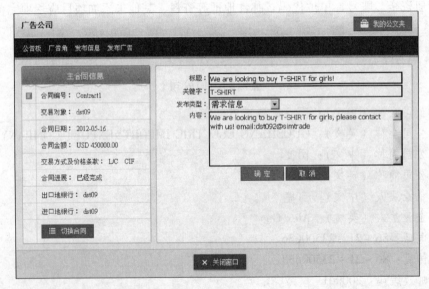

输入标题：我公司进出口各种家用电器

输入关键字：家用电器

选择发布类型为"公司广告"。

输入内容：我公司专业进出口各种家用电器，质量卓越，价格优惠，欢迎来函来电洽谈！email：user1@ simtrade.

2. 填写完毕后，点"确定"，成功发布公司广告。

（三）寻找商机

点"B2B（淘金网）"，在首页上查看通知以及各类市场信息与供求信息。

出口商需求信息 Exporter Demand Information
- We are looking to buy T-SHIRT for girls! 2012-07-03
- 急购大量甜玉米罐头 2012-05-30

在进口商发布信息中可找到 APPLE ELECTRIC TRADING CO.，LTD. 发布的求购滚筒洗衣机（Platen Washing Machine）的信息（第一部分中进口商已发布该信息）。

（四）查看交易对象

1. 点"公司库"，可看到所有公司的资料，这里我们要寻找潜在客户 APPLE ELECTRIC TRADING CO.，LTD. 。

2. 在搜索框中输入关键词"APPLE"，选择类别为"进口商"，点"搜索"，找到对应的公司。

3. 点"详细情况"，查看 APPLE ELECTRIC TRADING CO.，LTD. 的具体信息。

（五）查看交易商品

1. 点"产品展示"，可看到所有产品的资料，这里我们要找准备交易的商品——滚筒洗衣机；

2. 在搜索框中输入关键词"滚筒洗衣机",点"搜索",找到对应的产品;

3. 点"详细情况",查看商品具体资料。

(六)发布国内采购信息

1. 退出"B2B(淘金网)",回到业务画面;

2. 点"Business(业务中心)",再点标志为"广告公司"的建筑物;

3. 点"发布信息",逐项填写如下:

(1)输入标题:急购大量滚筒洗衣机。

(2)输入关键字:滚筒洗衣机。

(3)选择发布类型为"需求信息"。

(4)输入内容:我公司因客户需要,急购大量滚筒洗衣机,有意者请与我公司联系! email:user1@ simtrade.

 小贴士

Simtrade 系统中的出口商是没有生产能力的外贸企业,因此出口商在与进口商就某项商品达成交易或意向时,出口商要从国内工厂采购该商品。

4. 填写完毕后,点"确定",成功发布信息。

(七)退出登录

点界面上方按钮"Exit(退出)",退出登录。

三、工厂操作

（一）进入工厂页面，创建公司

1. 以工厂的身份登录，点"Profile（资料）"，可查看公司账号、邮件地址等资料，其他未添加项目应逐项完善（可添加公司 LOGO）。

 小案例

虚拟的工厂

公司全称：奥克莱电器有限公司

公司简称：奥克莱

企业法人：苏帅

电话：86 – 531 – 88599900

传真：86 – 531 – 88599920

邮政编码：250014

网址：http：//www. AKL. com

公司地址：济南市解放东路 63 号

公司介绍：我公司为信誉卓著的厂商，产品深受客户喜爱，欢迎与我公司洽谈业务，我们会竭力为您服务！

2. 填写完毕后，点"确定"。

（二）寻找商机

点"B2B（淘金网）"，进入查询页面，在首页上可查看通知以及各类市场信息与供求信息。

（三）查看交易对象

1. 点"公司库"，看到所有公司的资料，这里我们要寻找潜在客户国商电器进出口公司。

2. 输入关键词"国商"，选择类别为"出口商"，点"搜索"，找到对应的公司。

3. 点"详细情况"，查看国商电器进出口公司详细信息。

（四）查看交易商品

1. 点"B2B（淘金网）"，进入查询页面，点"产品展示"。

2. 搜索找到对应的产品"滚筒洗衣机"。

3. 再点"详细情况"，查看商品具体资料。

（五）查看生产成本

1. 回到工厂业务主页面。

2. 点"Business（业务中心）"，再点标志为"市场"的建筑物。

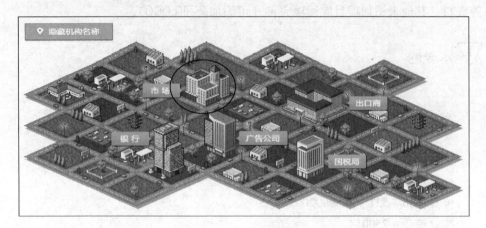

3. 再点"查看市场"，可看到商品生产价格。

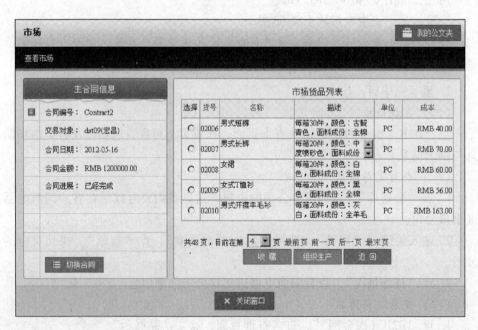

注：工厂也可以在"商品基本资料"中查看产品的生产成本，其他角色均无法获知商品的生产成本。

（六）发布信息

1. 点"Business（业务中心）"，再点标志为"广告公司"的建筑物。

2. 再点"发布信息"，逐项填写如下：

（1）输入标题：大量供应滚筒洗衣机。

（2）输入关键字：滚筒洗衣机。

（3）选择发布类型为"供应信息"。

（4）输入内容：我公司现有大量滚筒洗衣机，欲低价出售，欢迎来函来电洽谈！email：user3@ simtrade.

3. 填写完毕后，点"确定"，成功发布信息。

（七）发布产品广告与公司广告

1. 点"发布信息"右边的"发布广告"，逐项填写如下：

（1）输入标题：供应各种家用电器，质优价廉！

（2）输入关键字：家用电器。

（3）选择发布类型为"产品广告"，在产品编号下拉框中选择21001。

（4）输入内容：我公司现供应各种家用电器，质优价廉，欢迎前来参观订购！email：user3@ simtrade.

注：广告中的产品必须与产品编号一一对应，否则产品广告中的图片与内容将不符。

2. 填写完毕后，点"确定"，成功发布产品广告。

3. 接下来再发布公司广告，逐项填写如下：

（1）输入标题：长年供应各类家用电器，优质低价！

（2）输入关键字：家用电器生产专家。

（3）选择发布类型为"公司广告"。

（4）输入内容：我公司常年供应各类家用电器，包括洗衣机、冰箱、微波炉等，优质低价，欢迎前来参观订购！email：user3@ simtrade.

4. 填写完毕后，点"确定"，成功发布公司广告。

5. 退出登录。

四、出口地银行

（一）进入出口地银行页面，创建银行

1. 以出口地银行的身份登录，点"Profile（资料）"，可查看银行账号、邮件地址等资料，其他未添加项目应逐项完善（可添加银行LOGO）。

 小案例

虚拟的出口地银行

银行全称（中文）：上海浦东发展银行

银行全称（英文）：Shanghai Pudong Development Bank

银行简称（中文）：浦发银行

银行简称（英文）：SPD BANK

电话：86 – 21 – 61618888

传真：86 – 21 – 63232036

邮政编码：200002

网址：http：//www. spdb. com. cn

银行地址（中文）：上海市中山东一路 12 号

银行地址（英文）：No. 12，Zhongshan Dong Yi Road，Shanghai，P. R. China

银行介绍：我行长年办理国际国内资金借贷与投资等业务，拥有良好信誉与业务能力，欢迎前来我行洽谈业务！

注：出口地银行名称最好使用国内比较知名的银行，尽量不要自己编造银行名称，填写银行地址时最好与出口商同在一个城市。

2. 填写完毕后，点"确定"。

（二）查询信息

点"B2B（淘金网）"，进入查询页面，分别点上排按钮查看各类信息。

（三）退出登录

退出"B2B（淘金网）"，回到业务画面，点按钮"Exit（退出）"，退出登录。

五、进口地银行

（一）进入进口地银行页面，创建银行

1. 以进口地银行的身份登录，点"Profile（资料）"，可查看银行账号、邮件地址等资料，其他未添加项目应逐项完善（可添加银行 LOGO）。

小案例

虚拟的进口地银行

银行全称：Bank of America

银行简称：BOA BANK

电话：0019259330655

传真：0019259330666

网址：http：//www. Bank of America. us.

银行地址：101 Ygnacio Valley Rd，Walnut Creek，California，United States

银行介绍：We major in International Loan and Investment！

注：进口地银行名称最好使用进口国比较知名的银行，尽量不要自己编造银行名称，填写银行地址时最好与进口商同在一个城市，不方便查找进口国银行信息时，可以使用中国银行某国分行作为进口地银行。

2. 填写完毕后，点"确定"。

（二）查询信息

点"B2B（淘金网）"，进入查询页面，分别点上排按钮查看各类信息。

（三）退出登录

退出"B2B（淘金网）"，回到业务画面，点按钮"Exit（退出）"，退出登录。

[知识指南]

交易准备主要是指买卖双方在交易合同签订之前进行的一系列准备活动的总称。在进出口贸易的各种工作环节中，交易前的准备是一项最基础的前期工作。不论是出口贸易还是进口贸易，准备工作是否充分细致，将直接影响到国际贸易的进程和国际贸易的效益。通常交易前的准备工作主要有以下几个方面：

一、国际市场调研

随着经济全球化或区域一体化的深入发展，以及科学技术的创新和进步，全球商品贸易竞争日趋激烈。从整体上看，国际商品市场已经形成了"买方市场"，这对生产商、销售商及出口商而言，是一个严峻的考验，如何满足全球不同消费者不断变化的需求是其要解决的根本问题。因此，在从事交易活动之前，必须进行深入的国际市场调研，广泛收集国外市场资料，了解特定市场上消费者的消费水平与消费习惯，摸清特定商品在该市场上是否适销，是否存在同类产品的竞争，同类产品是否具有竞争优势以及价格变动趋势等问题。此外，还要对市场所在地的进口管制、外汇管制及海关制度等情况做认真分析，然后才能选择一个较为适当的销售市场，达成交易。

二、寻找贸易伙伴

经过国际市场调研，掌握了目标市场的基本情况和消费者需求后，下一步就要从该市场上寻找贸易伙伴，提出建立贸易关系。贸易伙伴的选择是交易的开始，也是贸易中的一个重要环节。

三、做好广告宣传

广告宣传的目的是向国外客户及消费者介绍企业自身或其所经营的商品，使之了解企业信息及商品的性能、特点等，以便扩大销售数量，提高售价，得到更多的贸易机会。

 小结

本实验项目考查学生虚拟出口公司和进口公司，并针对公司的经营范围来制定营销策略、发布公司及产品的广告信息，同时创建与虚拟的进出口公司对应的进出口地银行和工厂的实训能力。

思考

1. 虚拟进出口公司的经营范围选择有什么技巧？
2. 如何创建与虚拟进出口公司对应的进出口地银行和工厂？

 实验项目二　交易磋商

本章导读

学生需熟悉外贸函电相关知识，了解询盘、发盘、还盘和接受相关英文信函的写作技巧，并熟练进出口商品的报价核算。

［实训内容］

1. 出口商：向进口商发送建立业务关系、发盘的英文函电，向国内工厂发送询价和接受的中文信函，发盘时进行价格核算。

2. 进口商：向出口商发送询盘和接受的英文函电，接受时进行价格核算。

3. 国内工厂：接受出口商询价，核算成本，并向出口商报价。

［实训目的］

1. 熟悉询盘、发盘、还盘和接受的交易磋商过程。

2. 掌握国际贸易中交易双方磋商洽谈的相关技巧。

[实训步骤]

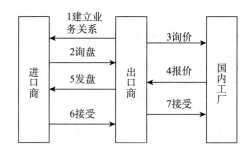

一、出口商操作

1. 以出口商的身份登录，进入出口商业务主页面，与进口商建立业务关系。

注：建立业务关系既可以由出口商建立也可以由进口商建立，但出口商试图与进口商建立业务关系的情况居多。

（1）以出口商身份登录，点"Mail（邮件）"，进入邮件系统；

（2）点"新建"，填写邮件内容如下：

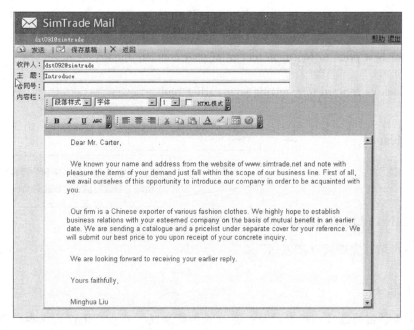

小案例

进口商邮件范文

收件人：进口商的邮件地址

主题：Establish Business Relations

合同号：（此时未建立合同，无需填合同号）

Dear Mr. Jobs, ← 称呼，结尾要用逗号。

We known your name and address from the website of www. simtrade. net and note with pleasure the items of your demand just fall within the scope of our business line. First of all, we avail ourselves of this opportunity to introduce our company in order to be acquainted with you.

> 关于正文，建议一段表明一个事情，建立业务关系的信函第一段一定说明信息的来源。

Our firm is a Chinese exporter of various home appliances. We highly hope to establish business relations with your esteemed company on the basis of mutual benefit in an earlier date. We are sending a catalogue and a pricelist under separate cover for your reference. We will submit our best price to you upon receipt of your concrete inquiry.

We are looking forward to receiving your earlier reply.

结尾敬语，类似的还有Yours truly, Yours sincerely。

Yours faithfully,

　　Alex Gao

落款，包括写信人的名字和公司名称，很多情况会包含写信人的职位和头衔。

GUOSHANG ELECTRIC IMPORT&EXPORT COMPANY

（3）填写完毕后点"发送"。

 小贴士

英语书信的款式一般有两种：齐头式和折衷式。齐头式比较正式和严肃，主要用于商务交往。折衷式比较随意和活泼，主要用于家人、朋友之间。本邮件采用的是齐头式，用齐头式信件写信，其正文与称呼之间空 1~2 行。每段的第一句不需要空格，但段与段之间需要空 1~2 行。齐头式信件的信尾客套话和签名可以有两种款式：第一种写在左下方，这是最常用也是最正式的；另外也可以写在右下方，这种形式则表示写信人与收信人之间的关系比较熟悉随便。

2. 邮件发送后等待进口商询盘的邮件并查收，出口商根据进口商询盘的商品发邮件向工厂询价。

（1）以出口商身份登录，点"Mail（邮件）"，进入邮件系统。

（2）点"新建"，填写邮件内容如下：

 小案例

出口商邮件范文

收件人：国内工厂的邮件地址

主题：商品询价（可以注明具体商品）

合同号：（此时未建立合同，无需填合同号）

苏帅先生：

您好！我从淘金网上得知贵公司是生产家用电器的专业厂家，我们对此很感兴趣，想向贵方订购商品。贵厂能否给我们报价（含税）滚筒洗衣机，商品编号：21001，报价单中请注明交货地点、要求的付款方式及最小订量。因出口货物一般数量较大，请报最优惠价。

高健

国商电器进出口公司

（3）填写完毕后，点"发送"，等待国内工厂的报价。

3. 出口商收到国内工厂报价的信函，根据国内工厂的报价核算成本，并向进口商发盘。（注：价格核算参见实训专题：**价格核算——出口商的价格核算**）

 小案例

国内工厂邮件报价的范文

Dear Jobs,

We have received your letter of Nov. 13, 2014, asking us to offer the PLATEN WASH-

ING MACHINE for shipment to NEW YORK PORT and highly appreciate that you are interested in our products.

As per your request, we are pleased to offer our trade terms as follows:

1. Product: PLATEN WASHING MACHINE

2. Packing: 1set/carton. Each of the carton is indicated with Product No., G. W., and N. W..

3. Specification: TYPE: PLATEN WASHING MACHINE, AUTOMATION DEGREE: THE FULLY AUTOMATIC, SPEED: 1200 RPM

4. Price: USD900/SET CIF NEW YORK?

5. Payment: L/C. Payment is effected by an irrevocable sight letter of credit in seller's favor for 100% of invoice value.

6. Shipment: All of the goods will be shipped from Shanghai to NEW YORK before Dec 31, 2014 subject to L/C reaching the SELLER by the early of December, 2014. Partial shipments and transshipment are not allowed.

7. Minimum Quantity: 40SETS

8. Quality: As per Product Description NO. 001 enclosed in our mail.

9. Insurance: The SELLER shall arrange marine insurance covering All Risks for 110% of CIF value and provide of claim, if any, payable in China with U. S. currency.

Our offer remains effective until Nov. 20, 2014.

Yours faithfully,
　Alex Gao
GUOSHANG ELECTRIC IMPORT&EXPORT COMPANY

　　4. 出口商发盘后等待进口商接受发盘的邮件，收到后再书写邮件对工厂的报价进行确认。

　　（1）进入邮件系统。

　　（2）点"回复"，填写内容如下：

收件人：回复状态自动填写。

主题：回复状态自动填写。

合同号：此时未建立合同，无需填合同号。

小案例

邮件工厂报价范文

苏帅先生:

您好,感谢您的回复!

经过考虑,我们认为您的报价可以接受,我们将订购40SET
滚筒洗衣机,合同将尽快寄出。

高健
国商电器进出口公司

(3)填写完毕后,点"发送"。

小贴士

在实际的交易过程中,进出口双方以及出口商和国内工厂之间会进行多轮的发盘和还盘就交易条件进行谈判和磋商,本次案例我们假定没有还盘,立即接受。实训指导老师和同学可以根据自身的情况选择交易磋商的次数。

二、进口商操作

1. 以进口商身份登录,点"Mail(邮件)",进入邮件系统,收取出口商建立业务关系的邮件,并向对方询盘。

小案例

范文

Dear Mr. Gao,

Thanks for your E-Mail.

With reference to your letter of Nov. 11, 2014, we are glad to learn that you wish to enter into trade relations with us.

At present, we are in the market for Platen Washing Machines, and shall be glad to receive your best quotations for this item, with indications of packing, for date of shipment, CIF NEW YORK.

Your early reply will be appreciated.

Yours sincerely,

　　Jobs

Apple Electric Trading Company

　　2. 询盘邮件发送后等待出口商发盘的邮件，收到发盘后阅读发盘内容，在进行价格核算后，如果认为交易条件可以接受，书写信函表示接受。（注：价格核算参见**实训专题：价格核算——进口商的价格核算**。）

 小案例

范文

Dear Mr. Gao,

We have received your E-Mail of Nov. 14, 2013.

After the consideration, we have pleasure in confirming the following offer and accepting it:

1. Product: PLATEN WASHING MACHINE

2. Packing: 1set/carton. Each of the cartons should be indicated with Product No., G. W., and N. W.

3. Specification: TYPE: PLATEN WASHING MACHINE, AUTOMATION DEGREE: THE FULLY AUTOMATIC, SPEED: 1200 RPM

4. Price: USD900/SET CIF NEW YORK?

5. Payment: L/C. Payment is effected by an irrevocable sight letter of credit in seller's favor for 100% of invoice value.

6. Shipment: All of the goods will be shipped from Shanghai to NEW YORK before Dec 31, 2014 subject to L/C reaching the SELLER by the early of December, 2014. Partial shipments and transshipment are not allowed.

7. Quantity: 40SETS

8. Quality: As per Product Description NO. 001 submitted in Nov 14, 2014.

9. Insurance: The SELLER shall arrange marine insurance covering All Risks for 110% of CIF value and provide of claim, if any, payable in China with U. S. currency.

Please send us a contract and thank you for your cooperation.

Yours sincerely,

    Jobs

Apple Electric Trading Company

三、国内工厂操作

1. 以国内工厂的身份进入，点"Mail（邮件）"，进入邮件系统，工厂收取出口商询价的信函，核算价格后回复邮件向出口商报价。（注：价格核算参见**实训专题：价格核算——国内工厂的价格核算**。）

（1）收取邮件，阅读内容；

（2）点"回复"，填写内容如下：

收件人：回复状态自动填写。

主题：回复状态自动填写，可将其改为"滚筒洗衣机"。

合同号：此时未建立合同，无需填合同号。

 小案例

范文

高健先生：

您好！来函已收到，非常感谢您对我公司产品的关注与信赖，现报价如下：

产品名称：滚筒洗衣机 PLATEN WASHING MACHINE

货品编号：21001

海关编码：8450112000

规格描述：机型：滚筒洗衣机，自动化程度：全自动，转速：1200 转/分

销售单位：SET

包装单位：CARTON

交货地点：工厂交货

付款方式：需方凭供方提供的增值税发票及相应的税收（出口货物专用）缴款书在供方工厂交货后7个工作日内付款。如果供方未将有关票证备齐，需方扣除17%税款支付给供方，等有关票证齐全后结清余款。

最小订货量：40 台

单价：RMB 4000/台

以上资料供您参考并确认，盼复！

苏帅

奥克莱电器有限公司

（3）填写完毕后，点"发送"。

2. 报价邮件发送后等待出口商接受的邮件，收到接受的邮件后阅读内容，等待出口商发送的国内买卖合同。

[知识指南]

交易磋商是指买卖双方就交易条件进行协商，协调双方的经济利益，求得一致，达成交易。交易磋商可以是口头的（面谈或电话），也可以是书面的（传真、电传或信函）。交易磋商的过程可分成询盘、发盘、还盘和接受四个环节，其中发盘和接受是必不可少的环节。

询盘（Inquiry），又称询价，是交易的一方向对方探询交易条件，表示交易愿望的一种行为。询盘多由买方做出，也可由卖方做出，内容可详可略，可以只询问价格，也可以询问其他一项或几项交易条件，甚至要求对方向自己发盘。询盘对交易双方无约束力。

发盘（Offer）指交易的一方（发盘人）向另一方（受盘人）提出各项交易条件，并愿意按这些条件达成交易的一种表示。发盘在法律上称为要约，在发盘的有效期内，一经受盘人无条件接受，合同即告成立，发盘人承担按发盘条件履行合同义务的法律责任。发盘多由卖方提出，也可由买方提出，也称递盘。实务中常见的是买方询盘后卖方发盘，但也可以不经过询盘，一方径直发盘。

还盘（Counter Offer），又称还价、反要约等，是受盘人对发盘内容不完全同意而提出修改或变更的表示。它是交易磋商的过程之一。还盘中的任何一点改动，都意味着对原发盘的拒绝。还盘实际上是受盘人以发盘人的地位发出的一个新盘。原发盘人成为新盘的受盘人。还盘又是受盘人对发盘的拒绝，发盘因对方还盘而失效，原发盘人不再受其约束。还盘可以在双方之间反复进行，还盘的内容通常仅陈述需变更或增添的条件，对双方同意的交易条件无需重复。一般来说，双方争议最大的通常是货物的价格，因此，需要认真做好出口报价与进口核算，以保证双方的利润。

接受（Acceptance）是受盘人在发盘的有效期内，无条件地同意发盘中提出的各项交易条件，愿意按这些条件和对方达成交易的一种表示。接受在法律上称为"承诺"，接受一经送达发盘人，合同即告成立。双方均应履行合同所规定的义务并拥有相应的权利。

关于交易数量的确定，在国际货物运输中，经常使用的是 20' 集装箱和 40' 集装箱。20' 集装箱的有效容积为 25CBM，限重 17.5TNE；40' 集装箱的有效容积为 55CBM，限重 26TNE，其中 1TNE = 1000KGS。进出口双方交易时，建议按照集装箱可容纳的最大包装数量来计算交易数量，以节省海运费。

可在"B2B（淘金网）"的"产品展示"中查看产品详细情况，根据产品的体积、包装单位、销售单位、单位换算来计算报价数量。

例如：商品 21001（滚筒洗衣机），销售单位 SET（台），包装单位 CARTON（箱），单位换算为每箱装 1 台，每箱体积为 0.575CBM，毛重为 69KGS，确定该商品用 20'、40' 集装箱运输时的最大可装数量及相应交易数量。

每 20' 集装箱：

按体积算可装数量为 $25 \div 0.575 = 43.478$

按重量算可装数量为 $17.5 \div 69 \times 1000 = 253.623$

取两者中较小的值，因此最大可装数量取整 43 台，为便于计算，本案例确定交易数量为 40 台。

每 40' 集装箱：

按体积算可装数量为 $55 \div 0.575 = 95.652$

按重量算可装数量为 $26 \div 69 \times 1000 = 376.812$

取两者中较小的值，因此最大可装箱数取整 95 台。

例如：商品 01005（甜玉米罐头），销售单位与包装单位都是 CARTON（箱），每箱体积为 0.025736CBM，毛重为 20.196KGS，确定计算该商品用 20'、40' 集装箱运输出口时的最大可装箱数。

每 20' 集装箱：

按体积算可装箱数 $= 25 \div 0.025736 = 971.402$

按重量算可装箱数 $= 17.5 \div 20.196 \times 1000 = 866.51$

取两者中较小的值，因此最大可装箱数取整 866 箱。

每 40' 集装箱：

按体积算可装箱数 $= 55 \div 0.025736 = 2137.084$

按重量算可装箱数 $= 26 \div 20.196 \times 1000 = 1287.35$

取两者中较小的值，因此最大可装箱数取整 1287 箱。

小结

学生应在熟悉外贸函电相关知识条件下，熟练地发布询盘、发盘、还盘和接受英文信函内容，并熟练进行进出口商品报价的估算。

？思考

1. 订货数量的选择有什么技巧？

2. 如何巧妙地确定订货量以尽量节约运费？

实验项目三　签订合同

本章导读

学生需了解合同在国际贸易交易中的作用，弄清楚在信用证交易下，外贸合同和信用证之间的关系。并熟悉外贸合同的基本结构，了解各部分之间的关系，进一步掌握进出口价格核算。

[实训内容]

1. 出口商：根据发盘的价格核算填写出口预算表，起草一份结汇方式为L/C、价格术语为CIF的外销合同。

2. 进口商：根据接受价格核算填写进口预算表，确认合同。

[实训目的]

1. 熟练根据交易磋商内容制作和审核外贸合同。

2. 灵活运用进出口价格核算表进行价格核算。

[实训步骤]

一、出口商操作

（一）起草外销合同[1]

1. 以出口商的身份登录，点"Business（业务中心）"，再点标志为"进口商"的建筑物；

---

〔1〕注：合同可由出口商或进口商起草。

2. 在弹出页面中点"起草合同";

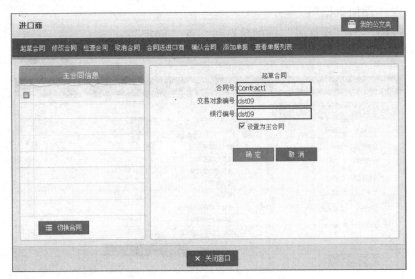

3. 输入合同号（如"Contract00057002"），对应的进口商编号（如"user"，一般为进口商的登录名），再输入办理相关业务的出口地银行编号（如"user"，一般为出口地银行的登录名），并勾选选项"设置为主合同"，点"确定"，弹出合同表单进行填写；

4. 填写完成后点"保存"；

5. 回到业务画面中，点"检查合同"，确认合同填写无误。

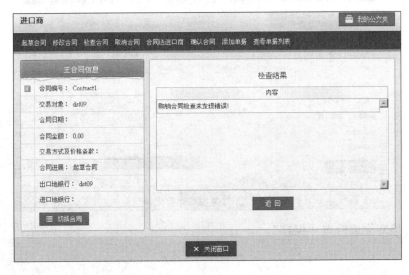

（二）制作出口预算表

1. 点"添加单据"；

2. 选中"出口预算表"前的单选钮，点"确定"；

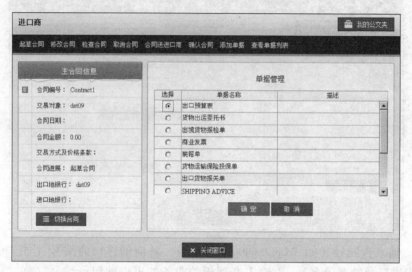

3. 在"查看单据列表"中点出口预算表对应的单据编号（**以后添加与填写单据都用此方法**），弹出表单进行填写；

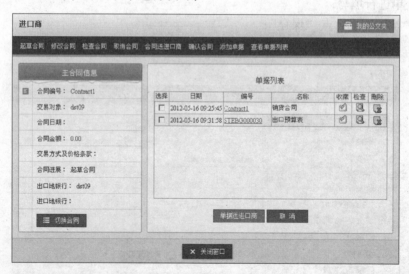

4. 填写完成后点"保存"。

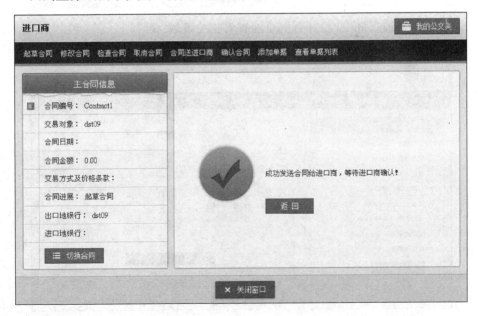

小贴士

查看出口商资金状况，点"Finance（财务）"按钮，再点"目前资金"查看，若不够支付预算表里的"采购成本"以及即将发生的各项费用，可以向出口地银行贷款。贷款步骤如下：

1. 以出口商的身份登录，点"Business（业务中心）"，再点标志为"出口地银行"的建筑物；

2. 在弹出页面中点"申请贷款"；

3. 在贷款页面中输入出口地银行编号、贷款币种（一般是本币）、贷款金额和贷款说明（可不填），点"确定"；

4. 退出出口商登录，以出口地银行登录，点"Loan（贷款业务）"；

5. 在弹出页面中选中贷款申请前的单选钮，点"发送贷款"，出口商贷款成功。

工厂和进口商如果遇到资金不足的情况也可以采用同样的方法办理贷款。

（三）发送合同

回到业务画面中，点"合同送进口商"。

二、进口商操作

(一) 收取确认合同的邮件

以进口商的身份登录，收取出口商要求确认合同的邮件。

(二) 制作进口预算表

1. 退出邮件系统，点"Business（业务中心）"里标志为"出口商"的建筑物；

2. 在弹出画面的左边首先点"切换"，将需要确认的合同设置为主合同；

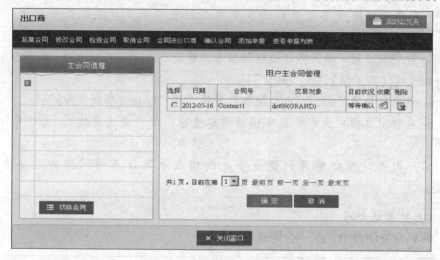

3. 点"修改合同"，打开合同页面查看相关条款；

4. 点"添加单据"，选中"进口预算表"前的单选钮，点"确定"；

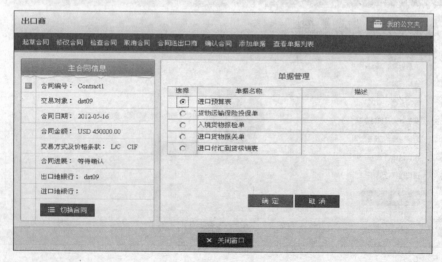

5. 在"查看单据列表"中点进口预算表对应的单据编号，弹出表单进行填写（表单样本参考附表3，填写计算说明见**实训专题：价格核算——进口商的价格核算**）；

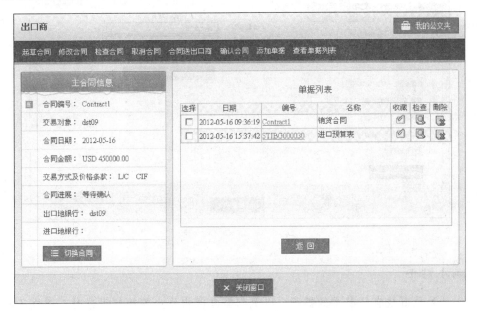

6. 填写完成后点"保存"。

 小贴士

查看进口商资金状况，点"Finance（财务）"按钮，再点"目前资金"查看，如果不够支付预算表里的"合同金额"以及即将发生的各项费用，可以向进口地银行贷款。

（三）确认合同

1. 回到业务画面中，点"修改合同"；

2. 在弹出合同的左下方签字，分别在两行空白栏中填入"APPLE ELECTRIC TRADING CO.，LTD."与"Jobs"，点"保存"；

3. 回到业务画面，点"确认合同"；

4. 输入合同编号（本例中为Contract00057002），再输入进口地银行编号（如user，一般为进口地银行的登录名），点"确定"，成功确认合同。

小贴士

此处最好找自己熟悉的银行，以免到需办理相关业务如信用证时，因找不到银行而耽误业务进程。

[知识链接]

合同填制规范

一、报表上方两行空白栏

1. 填制规范：填写出口商公司抬头，分别填写出口商的名称及地址。

2. 注意事项：在 SimTrade 中，出口商名称和地址需分两行填写，第一行填写公司英文名称，第二行填写公司英文地址，写在同一行中是错误的。公司名称和地址必须与出口商"Profile（资料）"里的内容完全一致，包括空格。

3. 填写示例：

GUOSHANG ELECTRIC IMPORT&EXPORT COMPANY

Room2501，Shimao Mansion，Yanan West Road，Shanghai 200001，P. R. China

二、Messrs

1. 填制规范：填写交易对象（即进口商）的名称及地址。

2. 注意事项：在 SimTrade 中，进口商的名称和地址需分两行填写，第一行填写公司英文名称，第二行填写公司英文地址。进口商的详细资料可在"淘金网"的"公司库"里查询。

3. 填写示例：

APPLE ELECTRIC TRADING CO. , LTD.

785 Ygnacio Valley Rd，Walnut Creek，California，

United States

三、No. （编号）

1. 填制规范：该编号已由出口商在起草合同时填入，系统会自动生成。

2. 注意事项：在 SimTrade 中，合同中编号一旦确定不能更改。

四、Date （日期）

1. 填制规范：填写销售合同制作日期。

2. 注意事项：在 SimTrade 中，有多种填报方式，最好采用年/月/日的 8 位数字的填报方式。

3. 填写示例：

2014 - 09 - 11 或 09 - 11 - 2014

 小贴士

英式日期格式按"日/月/年"的次序，美式日期按"月/日/年"的次序，因此 09 - 11 - 2005 有两种理解。在实际起草合同时，一般建议使用"年 - 月 - 日"的形式书写日期。

五、Product No. （货号）

1. 填制规范：填写 Simtrade 中各种货物的编号。

2. 注意事项：在 SimTrade 中，货号必须是"商品基本资料"里已有的 5 位商品编号。

六、Description （品名）

1. 填制规范：填写各项商品的英文名称及规格。

2. 注意事项：在 SimTrade 中，名称和规格需分两行填写，第一行填写名称，第二行填写规格。在 SimTrade 中，名称和规格必须与"商品基本资料"里商品英文名称及英文描述完全一致。

3. 填写示例：商品 21001 滚筒洗衣机的商品描述：

PLATEN WASHING MACHINE

TYPE：PLATEN WASHING MACHINE, AUTOMATION DEGREE：THE

FULLY AUTOMATIC，SPEED：1200 RPM

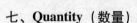

七、Quantity（数量）

1. 填制规范：填写交易的销售数量。

2. 注意事项：为便于装运并节省运费，通常以一个 20' 或 40' 集装箱的可装数量作为最低交易数量。

八、Unit（计量单位）

1. 填制规范：填写销售单位。

2. 注意事项：在 SimTrade 中，此栏应填写销售单位而非包装单位，请在"商品基本资料"里查找，应与 Quantity 栏目填写的数量保持对应。不同类别的产品，销售单位和包装单位不同，例如：食品类的销售单位是 CARTON，钟表类的销售单位则是 PC，滚筒洗衣机的销售单位是 SET。

九、Unit Price（单价）

1. 填制规范：填写一销售单位的价格，包括贸易术语、计价货币与单价金额等内容。

2. 注意事项：在 SimTrade 中，贸易术语填于上方空白栏中，计价货币与单价金额依双方约定填写在下方空格中。此栏应与每一项商品相对应，选择计价货币时需参考"淘金网"里银行页面的外汇币种与汇率。

3. 填写示例：

［CIF］［NEW YORK］

USD 900

十、Amount（总金额）

1. 填制规范：填写币种及各项商品总金额，总金额＝单价×数量。

2. 注意事项：在 SimTrade 中，一个合同涉及多项商品时，此栏应与每一项商品相对应。

十一、Total（货物总计）

1. 填制规范：分别填入所有货物累计的总数量、总金额及其单位，总数量和总金额为相应栏目的加总。

2. 注意事项：在 Simtrade 中，如交易两种或两种以上销售单位不同的商品时，Unit 的总计统一表示为"PACKAGE"。

十二、Say Total（大写金额）

1. 填制规范：以文字（大写）写出该笔交易的总金额。

2. 注意事项：在 Simtrade 中，大写金额必须与货物总价数字表示的金额一致并且 100% 正确，合同才能通过，最后要加单词"ONLY"，相当于汉语习惯中的"整"。

3. 填写示例：以金额89 615为例，4种不同币别下的表示方法分别为：

美元：

USD EIGHTY NINE THOUSAND SIX HUNDRED AND FIFTEEN ONLY

日元：

JPY EIGHTY NINE THOUSAND SIX HUNDRED AND FIFTEEN ONLY

欧元：

EUR EIGHTY NINE THOUSAND SIX HUNDRED AND FIFTEEN ONLY

英镑：

GBP EIGHTY NINE THOUSAND SIX HUNDRED AND FIFTEEN ONLY

十三、Payment（支付条款）

1. 填制规范：填写支付方式和支付条款。

2. 注意事项：在SimTrade中，支付方式有L/C（信用证）、D/P（付款交单）、D/A（承兑交单）及T/T（电汇），支付方式必须从下拉列表中选择上述四种之一，支付条款的具体要求写在后面。

3. 支付条款填写示例：

By an irrevocable sight letter of credit in seller's favor for 100% of invoice value.（凭银行所开不可撤销的以卖方为受益人的即期信用证付款。）

十四、Packing（包装条款）

1. 填制规范：一般包括包装材料、包装方式和每件包装中所含物品的数量或重量等内容。

2. 注意事项：在SimTrade中，可参考"商品基本资料"里的包装说明。

3. 填写示例：

One set per carton. Each of the cartons should be indicated with Product No.，Name of the Table，G. W.，and C/NO.

十五、Port of Shipment（起运港）

1. 填制规范：填写启运港名称，为中国港口之一。

2. 注意事项：在SimTrade中，起运港口的名称可在"淘金网"中"运费查询"页面中的"国内港口"里查找，可以是系统列出的任一港口。

十六、Port of Destination（目的港）

1. 填制规范：填写进口商所在国港口的名称。

2. 注意事项：在SimTrade中，要确定目的港，首先需确定进口商所属的国家，然后在"淘金网"的"运费查询"页面中，输入国家名称，在"国外港口"里查找该国的所有港口，并从中选择一个港口作为该笔交易的目的港。

十七、Shipment（装运条款）

1. 填制规范：填写装运时间、装运港或装运地、目的港或目的地，以及分批装运和转运等内容，有的还规定卖方应予交付的单据和有关装运通知的条款。

2. 注意事项：在 SimTrade 中，只有海洋运输一种运输方式。

3. 填写示例：

All of the goods will be shipped from Shanghai to NEW YORK before Dec. 31, 2014 subject to L/C reaching the SELLER by the early of December, 2014. Partial shipments and transshipment are not allowed.（所有货物 2014 年 12 月 31 日前装运，从上海港运往纽约港，但以信用证 12 月初以前送达卖方为条件。不许分批装运，不许转运。）

十八、Shipping Mark（运输标志）

1. 填制规范：也称装运唛头，填写双方约定的唛头，如果没有约定，一般由卖方规定唛头的内容。

2. 注意事项：在 SimTrade 中，如没有唛头应填"No Mark"或"N/M"；如为裸装货，则注明"NAKED"；如为散装货，则注明"In Bulk"。

3. 填写示例：

PWMS（货品名称）

NEW YORK（目的港）

CONTRACT00057002（合同号）

C/NO. 1 – 100（顺序号和总件数）

 小贴士

"唛头"是为了便于识别货物，防止发错货，通常由型号、图形或收货单位简称、目的港、件数或批号等组成。通常是由一个简单的几何图形和一些字母、数字及简单的文字组成。标准的唛头由四部分组成：①收货人代号；②目的港（地）名称；③参考号（信用证号、合同号）；④件数、批号。

十九、Quality（质量条款）

1. 填制规范：填写商品的质量、等级、规格等内容。

2. 注意事项：表示质量的方式一般有两种，一种是凭文字说明买卖，另一种是凭实物买卖。凭实物买卖最常用的是凭样品买卖。签订合同时应根据自己商品的特性合理选择表示质量的方式。

3. 填写示例：

As per Product Description NO. 001 submitted in Nov 14，2014.（根据卖方于2014 年 11 月 14 日所提供的编号 001 的产品说明书买卖。）

二十、Insurance（保险条款）

1. 填制规范：在 FOB、CFR 条件下，由买方投保，此栏可写"Insurance is effected by the buyer"；在 CIF 条件下，由卖方投保，应具体载明投保的险别、保险金额、保单类别、适用条款、索赔地点及币种等事项。

2. 注意事项：在 SimTrade 中，保险费率及险别可在"淘金网"的"保险费"页面查询。

3. 填写示例：

The SELLER shall arrange marine insurance covering All Risks for 110% of CIF value and provide of claim，if any，payable in China with U. S. currency.（卖方应投保一切险，保险金额按 CIF 金额的 110% 计算，索赔时在中国以美金支付。）

二十一、Remarks（备注）

1. 填制规范：外贸公司多使用格式化的合同，难免需要改动和补充之处，此栏填写特殊规定或其他条款。

2. 注意事项：在 SimTrade 中，如没有特殊规定或其他条款，此栏为空。

3. 填写示例：

Unless otherwise specified in this Sales Confirmation，all matters not mentioned here are subject to the agreement of the general terms and conditions of business contract No. CD – 101 concluded between both parties.（除非销售合同另有给定，其他未尽事宜均按照双方签订的合同号为 CD – 101 的合同办理。）

二十二、Manager Signature（BUYERS）［负责人签名（买方）］

1. 填制规范：填写进口商公司的名称及负责人签名。

2. 注意事项：在 SimTrade 中，上方空白栏填写公司英文名称，下方则填写公司法人代表的英文名字，公司名称和法人代表的签名不能颠倒。此栏只能由进口商填写，出口商起草合同时不能填写。

二十三、Manager Signature（SELLERS）［负责人签名（卖方）］

1. 填制规范：填写出口商公司的名称及负责人签名。

2. 注意事项：在 SimTrade 中，上方空白栏填写公司英文名称，下方则填写公司法人代表的英文名字，公司名称和法人代表的签名不能颠倒。

[知识指南]

一、合同的定义

买卖双方经过交易磋商，对交易的条件或条款取得一致意见后，即可签订书面合同。书面合同在国际贸易上并不是合同有效成立的必要条件，只要双方互相遵守诚信原则，一方交货另一方付款，贸易过程就已结束。但是由于国际关系复杂，政局变化莫测，再加上各国风俗习惯、宗教信仰不一，联络通讯不便，贸易对手的信用等因素，签订合同可以避免日后发生纠纷，最好以书面形式加以订立。

二、书面合同的主要形式

1. 合同（Contract）。由卖方制作的称为"售货合同"（Sales Contract）；由买方制作的称为"购货合同"（Purchase Contract）；如果是由买卖双方互派代表会同制作并当场签字的，则可称为"购销合同"（Sales and Purchase Contract），但这种情形较少见。

2. 确认书（Confirmation）。是合同的简化形式，由卖方制作的称为"售货确认书"（Sales Confirmation）；由买方制作的则称为"购货确认书"（Purchase Confirmation）。确认书的效力与买卖合同相等。

3. 订单（Order or Order Sheet）。指由买方制作向卖方发出的订购货物的书面凭据。

三、合同的内容

1. 约首。即合同的首部，主要包括合同名称、编号、缔约日期及地点、缔约当事人的名称及地址等。

2. 本文。是合同的主体，具体规定了买卖双方的权利和义务，又可分为主要条款和一般条款两部分。主要条款包括商品的品名条款、品质条款、数量条款、包装条款、价格条款、装运条款、保险条款、支付条款等8个条款；一般条款包括商检、索赔、仲裁及不可抗力等4个条款。

3. 约尾。即合同的尾部，通常写明合同使用的文字及其效力、合同正本的份数、附件及其效力，以及双方当事人或其授权人签字。

 小结

通过学习本项目，学生需弄清楚在信用证交易下，外贸合同和信用证之间的关系。并熟练掌握外贸合同的基本结构，了解各部分之间的关系，进一步掌握进出口价格核算，特别是签订合同的流程。

思考

背景：合同既可以由出口商起草也可以由进口商起草。

讨论：如果进口商起草合同，该合同表头应如何填制？

实验项目四　信用证

本章导读

学生需熟悉信用证的内容，了解信用证的种类及三大特点，并熟悉信用证审证技巧及应当注意的问题。

[**实训内容**]

1. 进口商：开立信用证申请书，向银行申领信用证，并确认信用证。

2. 进口地银行：审核开证申请书，开信用证并交进口商确认，通知出口地银行。

3. 出口地银行：对照合同审核信用证，填写通知书，通知出口商信用证已到。

4. 出口商：接收信用证并进行审核和接受。

[**实训目的**]

熟悉与掌握信用证的申请、开证、审证要点。

[**实训步骤**]

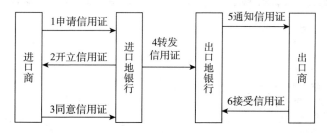

一、进口商操作

1. 以进口商身份登录，申领进口付汇核销单（注：L/C 方式下，需在开证前领单，其他支付方式下，则在付款前领单）。

（1）点"Business（业务中心）"，再点标志为"进口地银行"的建筑物；

（2）进入进口地银行界面，点"申领核销单"，即领取"贸易进口付汇核销单"；

（3）再点标志为"出口商"的建筑物，进入"单据列表"中进行填写（注：填制说明见［知识指南］进口付汇核销单填制规范，表单样本请参考附表4）；

（4）填写完成后点"检查"，确认通过。

2. 申请开立信用证。

（1）回到"Business（业务中心）"页面，点标志为"进口地银行"的建筑物，选择"信用证"业务；

（2）再点"添加信用证申请书"，添加完成后，点击该申请书编号进行填写；

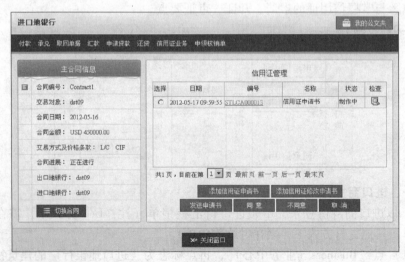

（3）填写完成后点"检查"，确认通过；

（4）在信用证管理画面中，选中对应信用证申请书前的单选钮，点"发送申请书"，等待进口地银行开立信用证。

3. 进口商确认信用证。

（1）收取银行要求确认信用证的通知邮件；

（2）点"Business（业务中心）"，再点标志为"进口地银行"的建筑物；

（3）再点"信用证业务"，检查对应的信用证内容；

（4）检查无误后，选中对应信用证前的单选钮，点"同意"。

二、进口地银行操作

1. 进口地银行开立信用证。

（1）收取进口商申请开证的邮件；

（2）回到进口地银行业务主页面，点"L/C（信用证）"按钮；

（3）点击合同号的信用证申请书编号，查看其内容；

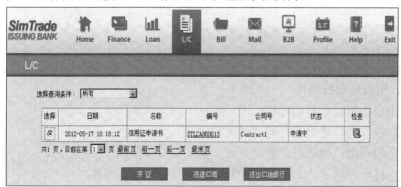

（4）再选中该申请书，点"开证"；

（5）完成后点击信用证编号进入，根据开证申请书进行填写；

（6）填写完成后点"检查"，确认通过；

（7）在"L/C（信用证）"页面中再选中合同号的信用证，点"送进口商"，把开好的信用证发送给进口商，等待进口商确认。

2. 进口地银行转发信用证。

（1）收取进口商确认信用证的邮件；

（2）进入信用证管理界面，选择合同号为 Contract00057002 的信用证前的单选钮，点"送出口地银行"。

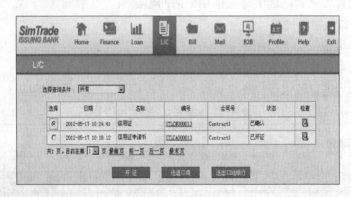

三、出口地银行操作

1. 出口地银行审核信用证。

（1）收取进口地银行已开证的通知邮件；

（2）回到出口地银行业务主页面，点"L/C（信用证）"按钮；

（3）打开合同号为 Contract00057002 的信用证进行查看。

2. 出口地银行通知信用证。

（1）选中该信用证前的单选钮，点"制作通知书"，添加信用证通知书；

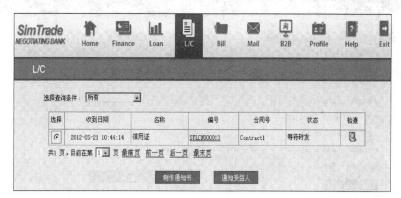

（2）点该信用证通知书所对应的单据编号，打开表单，根据信用证内容进行填写；

（3）填写完成后点"检查"，确认通过；

（4）回到业务画面，选择该通知书，点"通知受益人"。

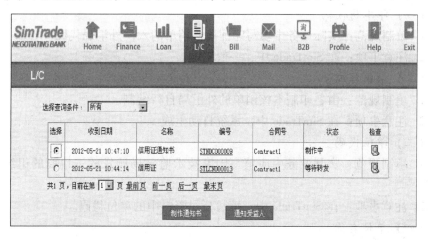

四、出口商操作

1. 收取信用证已开立的通知邮件；

2. 回到"Business（业务中心）"，点"出口地银行"；

3. 再点"L/C（信用证）"，进入信用证列表画面；

4. 查看信用证内容无误后，选中"信用证申请书"前的单选钮后点"接受"，成功接收信用证。

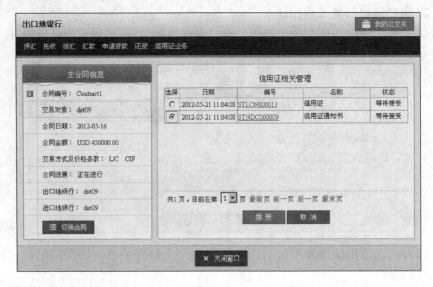

[知识链接]

一、进口付汇核销单填制规范

（一）印单局代码

1. 填制规范：实际业务中填写印证该核销单的六位外汇局代码。

2. 注意事项：在 SimTrade 中，一般不填。

（二）核销单编号

1. 填制规范：由各印制本核销单的外汇局自行编制。

2. 注意事项：在 SimTrade 中，系统自动生成。

（三）单位代码

1. 填制规范：实际业务中应填写国家技术监督局颁发的进口商的组织机构代码。

2. 注意事项：在 SimTrade 中，填写公司资料中的单位代码。

（四）单位名称

1. 填制规范：填写进口商公司名称。

2. 注意事项：在 SimTrade 中，填写进口商的英文名称，必须与进口商"Profile 资料"中的名称完全一致。

（五）所在外汇局名称

1. 填制规范：实际业务中填写进口商所在地外汇管理局名称。

2. 注意事项：在 SimTrade 中，一般不填。

（六）付汇银行名称

1. 填制规范：填写进口地银行的名称。

2. 注意事项：在 SimTrade 中，填写进口地银行的英文名称。

（七）收汇人国别

1. 填制规范：实际业务中填写收款人常驻国家，即出口国家。

2. 注意事项：在 SimTrade 中，统一填写为"China"。

（八）交易编码

1. 填制规范：实际业务中应根据本笔对外付汇交易的性质对应国家外汇管理局国际收支交易编码表填写，有一般贸易、补偿贸易、易货贸易等。

2. 注意事项：在 SimTrade 中，均填写为一般贸易的编码"0101"，2014 年版一般贸易的编码为"121010"。

 小贴士

国际收支交易编码是国家外汇管理局根据国际货币基金组织《国际收支手册》的分类，同时参考国内现行的国民账户体系，以及相关经济部门的统计口径而编制的。它用来区分中国居民与非居民之间经济交易性质的统计编码，是国际收支统计数据汇总和查询的重要条件。

（九）交易附言

1. 填制规范：实际业务中填写付款人对该笔对外付款用途的描述，例如货款、维修费等。

2. 注意事项：在 SimTrade 中，一般不填。

（十）对外付汇币种

1. 填制规范：填写对外支付外汇的币别。

2. 注意事项：在 SimTrade 中，填写合同币别的英文缩写，如 USD。

（十一）对外付汇总额、购汇金额、现汇金额、其他方式金额

1. 填制规范：用阿拉伯数字填写相应金额，金额须与合同一致。

2. 注意事项：在 SimTrade 中，一般只填写对外付汇金额和购汇金额，两者应一致且都等于合同的总金额。

（十二）人民币账号、外汇账号

1. 填制规范：实际业务中如所付款项系从现汇账户中支出，则在"外汇账号"栏填写该现汇账户的账号；如所付款项系从银行购得的外汇，则在"人民币账号"栏填写其用于购汇的人民币账户的账号。

2. 注意事项：在 SimTrade 中，一般不填。

（十三）付汇性质

1. 填制规范：实际业务中根据实际的付汇性质选择打√。

2. 注意事项：在 SimTrade 中，统一选择"正常付汇"。

 小贴士

"正常付汇"系指除不在名录、90 天以上信用证、90 天以上托收、异地付汇、90 天以上到货、转口贸易、境外工程使用物资、真实性审查以外无须办理进口付汇备案业务的付款业务。"90 天以上信用证"及"90 天以上托收"均系付汇日期距承兑日期在 90 天以上的对外付汇业务。除"正常付汇"之外的各付汇性质在标注√时，均须对应填写备案表编号。

（十四）预计到货日期

1. 填制规范：填写货物预计到港的时间。

2. 注意事项：在 SimTrade 中，根据合同中约定的交货日期进行填写，采用年/月/日 8 位填报的方式，也可不填。

（十五）进口批件号

1. 填制规范：实际业务中填写进口批文的编号。

2. 注意事项：在 SimTrade 中，一般不填。

（十六）合同号/发票号

1. 填制规范：填写对应的合同号和发票号，格式为＊＊＊＊/＊＊＊＊。

2. 注意事项：在 SimTrade 中，不填或仅仅填写合同号即可。

（十七）结算方式

1. 填制规范：应选择适当的结算方式打√。其中：90 天以内信用证、90 天以内托收的付汇日期距该笔付汇的承兑日期均小于 90 天且含 90 天；90 天以上信用证、90 天以上托收的付汇日期距该笔付汇的承兑日期均大于 90 天；结算方式为"货到付汇"时，应同时填写对应"报关单号"、"报关日期"、"报关单币种"、"金额"。

2. 注意事项：在 SimTrade 中，L/C 方式下选择"90 天以内信用证"；D/P、D/A 方式下选择"90 天以内托收"；T/T 方式下选择"预付货款"。

（十八）申报号码

1. 填制规范：实际业务中填写核销单的 22 位申报编号。

2. 注意事项：在 SimTrade 中，一般不填。

小贴士

核销单编号共22位，第1~6位为地区标识码，第7~10位为银行标识码，第11、12位为金融机构顺序号，第13~18位为该笔贸易进口付汇的付汇日期或该笔对外付汇的申报日期，最后4位为银行营业部门的当日业务流水码。

（十九）其他各栏

1. 填制规范：均应按栏目提示对应填写。

2. 注意事项：在SimTrade中，一般不填。

二、不可撤销信用证开证申请书填制规范

（一）TO（致×××行）

1. 填制规范：填写开证行英文名称。

2. 注意事项：开证行为进口地银行，在SimTrade中，从"淘金网"里"银行"查找进口地银行的详细资料。

（二）Date（申请开证日期）

1. 填制规范：信用证应当是进口商在与出口商签订合同后向进口地银行申请开立的，因此申请开证日期必须在合同日期之后。

2. 注意事项：在SimTrade中，按照年/月/日填写8位日期，如2014-11-18。

（三）信用证开立形式

1. 填制规范：实际业务中根据交易要求选择合适的信用证开立形式。

2. 注意事项：在SimTrade中，一般选择Issue by tele transmission（which shall be the operative instrument）。

小贴士

Issue by airmail 即以信开的形式开立信用证。选择此种方式，开证行通过航邮将信用证寄给通知行。

With brief advice by teletransmission 即以简电开的形式开立信用证。选择此种方式，开证行将信用证主要内容发电预先通知受益人，银行承担必须使其生效的责任。但简电本身并非信用证的有效文本，不能凭以议付或付款，银行随后寄出的"证实书"才是正式信用证。

Issue by express delivery 即以信开的形式开立信用证。选择此种方式，开证行通过快递（如DHL）将信用证寄给通知行。

Issue by teletransmission（which shall be the operative instrument）即以全电开的

形式开立信用证。选择此种方式，开证行将信用证的全部内容加注密押后发出，该电讯文本为有效的信用证正本。如今大多用"全电开证"的方式开立信用证。

（四）Credit No.（信用证号码）

1. 填制规范：由银行填写。

2. 注意事项：在 SimTrade 中，无需填写。

（五）Date and place of expiry（信用证有效期及地点）

1. 填制规范：日期必须在申请开证日期之后，地点一般填受益人所在国家。

2. 注意事项：在 SimTrade 中，在空格处填写相应的日期和国家，日期按照年/月/日 8 位填报。

3. 填写示例：

20150121　IN　CHINA

20150121　IN　THE BENEFICIARY'S COUNTRY

 小贴士

信用证有效期一般是指出口商到银行交单议付的最迟时间。信用证开立时，进口商最好根据合同的内容慎重考虑，一般考虑两个因素：一个是最迟装运日期，另一个是交单期。

（六）Applicant（开证申请人）

1. 填制规范：填写进口商的名称和地址。

2. 注意事项：在 Simtrade 中，填写进口商的英文名称和地址，与合同保持一致，分两行填报：第一行填名称，第二行填地址。相关信息可在进口商"Profile（资料）"中复制。

3. 填写示例：

APPLE ELECTRIC TRADING CO. , LTD.

785 Ygnacio Valley Rd, Walnut Creek, California, United States

（七）Beneficiary（Full name and address）［受益人（全称及地址）］

1. 填制规范：填写出口商的名称和地址。

2. 注意事项：在 Simtrade 中，填写出口商的英文名称和地址，须与合同一致，分两行填报：第一行填名称，第二行填地址。相关信息可在"淘金网"里"公司库"中复制。

3. 填写示例：

GUOSHANG ELECTRIC IMPORT&EXPORT COMPANY

Room2501，Shimao Mansion，Yanan West Road，Shanghai 200001，P. R. China

思考

回忆信用证的定义和支付流程，思考为什么进口商是开证申请人而出口商是受益人？

（八）Advising Bank（通知行）

1. 填制规范：填写通知行的名称和地址。

2. 注意事项：在 Simtrade 中，填写出口地银行的英文名称和地址，分两行填报：第一行填名称，第二行填地址。相关信息可在"淘金网"里"银行"中复制。

3. 填写示例：

Shanghai Pudong Development Bank

No. 12，Zhongshan Dong Yi Road，Shanghai，P. R. China

（九）Amount（信用证金额）

1. 填制规范：分别用数字小写和文字大写填写。

2. 注意事项：在 Simtrade 中，小写输入时须包括币种与金额，大写输入时最后必须要跟 ONLY，数额与合同一致。

3. 填写示例：

[USD] [36000]

U. S. DOLLARS THIRTY SIX THOUSAND ONLY

（十）Parital shipments（分批装运）

1. 填制规范：选择信用证项下是否允许分批装运。

2. 注意事项：在 Simtrade 中，没有模拟分批装运，统一选择"not allowed"。

（十一）Transhipment（转运）

1. 填制规范：选择信用证项下是否允许货物转运。

2. 注意事项：在 Simtrade 中，没有模拟转运，统一选择"not allowed"。

（十二）装运条款

1. 填制规范：根据合同要求填写装运港（Loading on board/dispatch/taking in charge at/from）、最迟装运日期（not later than）、目的港（For transportation to）。

2. 注意事项：在 Simtrade 中，装运港和目的港均用英文，日期采用年/月/日 8 位填报方式。

（十三）Credit available with（此信用证由×××银行付款）

1. 填制规范：填写押汇银行的英文名称。

2. 注意事项：在 Simtrade 中，押汇银行与通知行为同一家银行，均为出口地银行。因此，在 Simtrade 中填写出口地银行的英文名称。如果信用证是自由议付信用证，此处可填"ANY BANK"。

思考

回忆信用证的支付流程，思考为什么押汇银行和通知行一般是同一家银行？

（十四）By sight payment/ acceptance/ negotiation/ deferred payment at（即期/承兑/议付/延期）

1. 填制规范：填写押汇银行付款的方式，采用延期付款时还需要写明延期多少天付款。

2. 注意事项：在 Simtrade 中，所有业务都是立即处理的，没有模拟时间，因此统一选择"sight payment"即可，选择其他也不影响操作。

（十五）against the documents detailed herein and beneficiary's draft（s）for _____% of invoice value at _____ sight drawn on _____ （连同下列单据：受益人按发票金额_____%，做成限期为_____天，付款人为_____的汇票）

1. 填制规范：该语句是对出口商交单时提交汇票的要求，填写汇票的金额、付款期限和付款人。

2. 注意事项：在 Simtrade 中，没有模拟时间，一般为即期付款，因此只需在"at sight"之间空格处选择"－－－"，但不能留空。"drawn on"后跟指定付款人，应为开证行或指定的付款行，一般不能是进口商。

3. 填写示例：

against the documents detailed herein and beneficiary's draft（s）for100% of invoice value at—sight drawn on Bank of America。

小贴士

在 Simtrade 中，如勾选了"即期付款信用证（sight payment）"，汇票可要可不要，即此项无需填写；如果选择"承兑信用证（acceptance）"或"议付信用证（negotiation）"，汇票必须选择，即此项必须填写；如果选择"延期付款（deferred payment）"，不需要汇票，即此项不必填写。

（十六）Documents required（marked with X）[单据条款（用 X 表明）]

1. 填制规范：勾选并填写出口商交单议付时需要提交的单据及要求。各条款意思翻译如下：

1. 经签字的商业发票一式_____份，标明信用证号_____和合同号_____。

2. 全套清洁已装船海运提单，做成指示性抬头、空白背书，注明"运费［ ］待付／［ ］已付"，［ ］标明运费金额，并通知_____。

空运提单收货人为_____，注明"运费［ ］待付／［ ］已付"，［ ］标明运费金额，并通知_____。

3. 保险单/保险凭证一式_____份，按发票金额的_____％投保，注明赔付地在_____，以汇票同种货币支付，空白背书，投保_____险。

4. 装箱单/重量证明一式_____份，注明每一包装的数量、毛重和净重。

5. 数量/重量证一式_____份，由_____出具。

6. 品质证一式_____份，由［ ］制造商／［ ］公众认可的检验机构_____出具。

7. 产地证一式_____份，由_____出具。

8. 受益人以传真/电传方式通知申请人装船证明副本，该证明须在装船后_____日内发出，通知信用证号、船名、装运日以及货物的名称、数量、重量和金额。

2. 注意事项：一般情况下1、2是必选项，其他各项进口商可根据贸易术语和交易具体要求而定。填写需要单据及其正本、副本的份数一般填写为3。

 小贴士

如果是以 CFR 或 CIF 成交，要求对方出具的提单为"运费已付"（Freight Prepaid）；如果是以 FOB 成交，要求对方出具的提单为"运费到付"（Freight Collect）。如果按 CIF 成交，申请人应要求受益人提供保险单，且注意保险险别，赔付地应要求在到货港，以便一旦出现问题，方便解决。

（十七）Other documents, if any（其他单据）

1. 填制规范：根据合同要求填写单据条款中没有列明的其他单据，例如植物检疫证书（Certificate of Phytosanitary）、健康证书（Health Certificate）、普惠制产地证（Certificate of Origin Form A）等。

2. 注意事项：在 Simtrade 中，一般不必填写。

（十八）Description of goods（货物描述）

1. 填制规范：填写商品编号、商品英文名称、商品英文描述、商品销售数量、商品单价。

2. 注意事项：在 Simtrade 中，用英文分行填写，商品描述和商品数量必须与合同完全一致。

3. 填写示例：

21001（商品编号）

PLATEN WASHING MACHINE（商品英文名称）

TYPE：PLATEN WASHING MACHINE，AUTOMATION DEGREE：THE FULLY AUTOMATIC，SPEED：1200 RPM（商品英文描述）

QUANTITY：40SETS（商品销售数量）

PRICE：USD900/SET（商品单价）

（十九）Additional instructions（附加条款）

1. 填制规范：是对以上各条款未述之情况的补充和说明，且包括对银行的要求等。进口商根据合同及交易的需要勾选并填写相关内容。各条款意思翻译如下：

1. 开证行以外的所有银行费用由受益人担保。

2. 所需单据须在运输单据出具日后_____天内提交，但不得超过信用证有效期。

3. 第三方为托运人不可接受，简式/背面空白提单不可接受。

4. 数量及信用证金额允许有_____%的增减。

5. 所有单据须指定_____船公司。

其他条款。

2. 注意事项：在 Simtrade 中，选择相应内容必须要和合同的要求以及交易条件相对应，一般选择 1、2 项。

 小贴士

信用证条件下，出口商备齐单据后要向信用证指定的银行提交单据要求付款、承兑或议付。信用证中如有规定，必须在规定的有效期内交单；如没有规定，则最迟于运输单据日期 21 天内交单。但两种情况下，单据还不得迟于信用证的到期日提交。

三、信用证填制规范

信用证（Letter of Credit，简称 L/C）是开证行（进口地银行）根据开证申请人（进口商）的信用证开证申请书向受益人（出口商）开立的一种有条件的保证付款的书面文书，相关内容必须与开证申请书一致。

 小贴士

信用证可以分为信开本和电开本两种形式。目前，电开本信用证一般通过 SWIFT 开具，SWIFT 是 Society for Worldwide Interbank Financial Telecommunications（环球同业银行金融电讯协会）的简写，这里是指 SWIFT 运营的世界级的金融电文网络，银行和其他金融机构通过它与同业交换电文来完成金融交易。

（一）SEQUENCE OF TOTAL（合计次序）

1. 填制规范：合计次序。

2. 注意事项：在 Simtrade 中，系统自动生成无需填写。

（二）FORM OF DOCUMENTARY CREDIT（跟单信用证类别）

1. 填制规范：填写是"REVOCABLE（可撤销）"还是"IRREVOCABLE（不可撤销）"。

2. 注意事项：在 Simtrade 中，一般填写"IRREVOCABLE（不可撤销）"。

 思考

什么是不可撤销信用证？其与可撤销信用证的区别在哪里？为什么受益人一般只接受不可撤销信用证？

（三）DOCUMENTARY CREDIT NUMBER（信用证号码）

1. 填制规范：填写开证行开立跟单信用证的号码。

2. 注意事项：在 SimTrade 中，该编号已由系统自动产生，不必填写。

（四）DATE OF ISSUE（开证日期）

1. 填制规范：填写开证行开立跟单信用证的日期。

2. 注意事项：在 SimTrade 中，采用年/月/日 8 位填报方式，如将 2014 年 11 月 25 日填报为 20141125。

（五）APPLICANT RULES（适用规则）

1. 填制规范：填写信用证的适用规则。

2. 注意事项：在 SimTrade 中，统一填写"UCP600"或"UCP LATEST VER-SION"。

（六）DATE AND PLACE OF EXPIRY（到期日及地点）

1. 填制规范：填写信用证最迟交单日期和交单地点。

2. 注意事项：在 SimTrade 中，日期采用年/月/日 8 位填报方式，地点一般在受益人国家。填写内容必须与开证申请书中"Date and place of expiry"填写的内容完全一致。

（七）APPLICANT BANK（申请人银行）

1. 填制规范：填写开证行即进口地银行的英文名称。

2. 注意事项：在 SimTrade 中，进口地银行名称可在"淘金网"的"银行"中查找。

（八）APPLICANT（申请人）

1. 填制规范：填写申请人（进口商）的英文名称及地址。

2. 注意事项：在 SimTrade 中，申请人（进口商）的名称和地址分两行填报，须与开证申请书一致，可在"淘金网"里"公司库"中复制进口商的名称和地址。

（九）BENEFICIARY（受益人）

1. 填制规范：填写受益人（出口商）的英文名称及地址。

2. 注意事项：在 SimTrade 中，受益人（出口商）的名称和地址分两行填报，须与开证申请书一致，可在"淘金网"里"公司库"中复制出口商的名称和地址。

（十）CURRENCY CODE，AMOUNT（币别代号、金额）

1. 填制规范：根据开证申请书填写。

2. 注意事项：在 SimTrade 中，币别代号、金额分别填写在两个中括号中。

3. 填写示例：

［USD］［36000］

（十一）AVAILABLE WITH BY（向×××银行押汇，信用证的兑付方式为×××）

1. 填制规范：填写押汇银行的名称及信用证的兑付方式。

2. 注意事项：在 SimTrade 中，银行名称和信用证的兑付方式要与开证申请书完全一致，押汇银行一般为出口地银行，信用证的兑付方式为开证申请书中进口商选定的方式。

3. 填写示例：如果开证申请书中选择的押汇方式为 negotiation，那么信用证该项应填报为：

Shanghai Pudong Development Bank By Negotiation

（十二）DRAFTS AT（汇票期限）

1. 填制规范：填写信用证项下汇票付款期限。

2. 注意事项：在 SimTrade 中，严格按照开证申请书所选汇票期限填写，因为开证申请书一般填写即期，因此信用证该项一般填"AT SIGHT"。

（十三）DRAWEE（付款人）

1. 填制规范：填写汇票的付款人。

2. 注意事项：在 SimTrade 中，严格按照开证申请书上的汇票付款人，即"drawn on"后所列内容填写，一般为开证行或指定银行。

（十四）PARTIAL SHIPMENTS（分批装运）

1. 填制规范：填写是否允许分批装运。

2. 注意事项：在 SimTrade 中，须与开证申请书一致，填"ALLOWED"或"NOT ALLOWED"。由于 SimTrade 不模拟分批装运，因此，统一填写为"NOT ALLOWED"。

（十五）TRANSHIPMENT（转运）

1. 填制规范：填写是否允许转运。

2. 注意事项：在 SimTrade 中，须与开证申请书一致，填"ALLOWED"或"NOT ALLOWED"。由于 SimTrade 不模拟转运，因此，统一填写为"NOT ALLOWED"。

（十六）PORT OF LOADING/AIRPORT OF DEPARTURE（由×××装船/由×××机场发运）

1. 填制规范：填写信用证项下装船/装机的地点。

2. 注意事项：在 SimTrade 中，须与开证申请书一致，填写申请书"Loading on board/dispatch/taking in charge at/from"后的内容，由于 SimTrade 不模拟空运，此栏填写装运港。

（十七）PORT OF DISCHARGE/AIRPORT OF DESTINATION（卸货港×××/目的港×××）

1. 填制规范：填写信用证项下货物最终目的地。

2. 注意事项：在 SimTrade 中，须与开证开证申请书一致，填写申请书"For transportation to"后的内容，由于 SimTrade 不模拟空运，此栏填写目的港口。

（十八）LATEST DATE OF SHIPMENT（最迟装运日）

1. 填制规范：填写最迟装船、发运和接受监管的日期。

2. 注意事项：在 SimTrade 中，须与开证申请书一致，填写申请书"not later than"后的最迟装运日期。

（十九）DESCRIPTION OF GOODS AND/OR SERVICES（货物描述及/或交易条件）

1. 填制规范：填写货物描述＋价格条款。

2. 注意事项：在 SimTrade 中，须与开证申请书一致，货物描述需复制信用证申请书"Description of goods"的内容，价格条款须与开证申请书一致。

3. 填写示例：

21001

PLATEN WASHING MACHINE

TYPE：PLATEN WASHING MACHINE，AUTOMATION DEGREE：THE FULLY AUTOMATIC，SPEED：1200 RPM

QUANTITY：40SETS

PRICE：USD900/SET

CIF NEW YORK

（二十）DOCUMENTS REQUIRED（应准备单据）

1. 填制规范：填写出口商交单议付时需要提交的单据及要求。

2. 注意事项：在 SimTrade 中，需完全按照开证申请书"Documents required"项填写，打"×"表示选中，则此行内容需完全复制（包括标点）。

3. 填写示例：如果开证申请书该项选择的是1、2、3项，则信用证该项应填写：

+ SIGNED COMMERCIAL INVOICE IN 3 COPIES INDICATING CONTRACT NO. CONTRACT00057002

+ FULL SET OF CLEAN ON BOARD BILLS OF LADING MADE OUT TO ORDER AND BLANK ENDORSED，MARKED "FREIGHT PREPAID" NOTIFYING THE APPLICANT.

+ INSURANCE POLICY/CERTIFICATE IN 3 COPIES FOR 110 % OF THE INVOICE VALUE SHOWING CLAIMS PAYABLE IN CHINA CURRENCY OF THE DRAFT, BLANK ENDORSED, COVERING ALL RISKS.

 小贴士

1. 第一行句末没有句号，注意信用证上也不要出现句号。

2. 有横线的部分需特别注意，如果横线上没有填写，则横线前后的单词也无需复制。例：如果第一句 L/C No. 后的横线上没有填写，则这句话就写成：SIGNED COMMERCIAL INVOICE IN × COPIES INDICATING CONTRACT NO. × × ×，即横线前的 L/C No. 和横线后的"and"都需舍去。

3. 第二句的后半句：marked "freight ［   ］ to collect ／［   ］ prepaid ［   ］ indicating freight amount"，打叉表示选中的是括号后的内容。例如：marked "freight ［×］ to collect ／［   ］ prepaid ［   ］ indicating freight amount"，应表示成 MARKED

"FREIGHT TO COLLECT"；marked "freight ［ ］ to collect／［×］ prepaid ［X］ in-dicating freight amount"，应表示成 MARKED "FREIGHT PREPAID INDICATING FREIGHT AMOUNT"。

（二十一）ADDITIONAL CONDITIONS（附加条件）

1. 填制规范：填写信用证的附加条款。

2. 注意事项：在 SimTrade 中，如果申请书 "Other documents, if any" 栏有内容，则此栏须与之一致，如果没有，则此栏为空。

（二十二）CHARGES（费用）

1. 填制规范：对信用证相关费用的承担责任进行划分。

2. 注意事项：在 Simtrade 中，需按照开证申请书填写，如果开证申请书 "Additional instructions" 的第 1 条选择了，信用证该项需要填写，原文复制即可。

3. 填写示例：

ALL BANKING CHARGES OUTSIDE THE OPENING BANK ARE FOR BENEFICIARY'S ACCOUNT.

（二十三）PERIOD FOR PRESENTATION（提示期间）

1. 填制规范：填写受益人应于……日前（或……天内）向银行提示汇票的指示。

2. 注意事项：在 Simtrade 中，需按照开证申请书填写，如果开证申请书 "Additional instructions" 的第 2 条选择了，信用证该项需要填写，原文复制即可。

3. 填写示例：

DOCUMENTS MUST BE PRESENTED WITHIN 21 DAYS AFTER DATE OF IS-SUANCE OF THE TRANSPORT DOCUMENTS BUT WITHIN THE VALIDITY OF THIS CREDIT.

（二十四）CONFIRMATION INSTRUCTIONS（保兑指示）

1. 填制规范：填写是否要求收报行（一般是通知行）加具保兑。

2. 注意事项：在 Simtrade 中，一般不需要保兑，填 "WITHOUT"。如果要求保兑，应填写 "CONFIRM"。

（二十五）ADVISE THROUGH BANK（通知行）

1. 填制规范：填写收讯银行以外的通知银行的英文名称。

2. 注意事项：在 Simtrade 中，如有收讯银行以外的通知银行，请填其名称，如果没有可以不填。

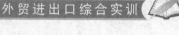

？思考

回忆信用证的特点，思考外贸合同、信用证开证申请书以及信用证三者之间的关系是怎样的？

四、信用证通知书填制规范

（一）上方空白栏

1. 填制规范：填写信用证通知行的中英文名称、英文地址与传真号。

2. 注意事项：在 Simtrade 中，分行填报：第一行填通知行的中文名称，第二行填通知行的英文名称，第三行填通知行的英文地址，第四行填通知行的传真号。相关资料在出口地银行的"Profile（资料）"中查找。

3. 填写示例：

上海浦东发展银行

Shanghai Pudong Development Bank

No. 12，Zhongshan Dong Yi Road，Shanghai，P. R. China

FAX：86 - 21 - 63232036

（二）日期

1. 填制规范：填写通知行通知的日期。

2. 注意事项：在 Simtrade 中，日期按照年/月/日 8 位填报。

（三）TO（致）

1. 填制规范：填写信用证受益人（出口商）英文名称及地址。

2. 注意事项：在 Simtrade 中，须与信用证保持一致，名称与地址分两行用英文填报。

（四）WHEN CORRESPONDING, PLEASE QUOTE OUT REF NO.

1. 填制规范：填写代理行的业务编号。

2. 注意事项：在 Simtrade 中，可不用填写。

（五）ISSUING BANK（开证行）

1. 填制规范：填写开证行的名称和地址。

2. 注意事项：在 Simtrade 中，开证行的名称和地址用英文分两行填报。

（六）TRANSMITTED TO US THROUGH（转递行）

1. 填制规范：填写转递行的名称。

2. 注意事项：只有信开信用证，才有转递行，在 Simtrade 中，均为电开信用证，无转递行，该栏无需填写。

（七）L/C NO.（信用证号）

1. 填制规范：填写信用证的编号。

2. 注意事项：在 Simtrade 中，须与信用证保持一致。

（八）DATE（开证日期）

1. 填制规范：填写信用证的开证日期。

2. 注意事项：在 SimTrade 中，采用年/月/日 8 位填报方式，须与信用证保持一致。

（九）AMOUNT（金额）

1. 填制规范：填写信用证规定的币别、金额。

2. 注意事项：在 Simtrade 中，须与信用证保持一致。

3. 填写示例：

［USD］［36000］

（十）EXPIRY PLACE（有效地）

1. 填制规范：填写受益人在信用证有效期以内向银行提交单据的地点。

2. 注意事项：在 Simtrade 中，须与信用证保持一致，一般在受益人所在的国家，一般为"China"。

（十一）EXPIRY DATE（有效期）

1. 填制规范：填写信用证的最迟交单日期。

2. 注意事项：在 SimTrade 中，采用年/月/日 8 位填报方式，须与信用证保持一致。

（十二）TENOR（期限）

1. 填制规范：填写信用证项下汇票的期限。

2. 注意事项：在 SimTrade 中，须与信用证"42C"项目保持一致。SimTrade 中没有模拟时间，汇票一般为即期，该项一般填写为"AT SIGHT"或"SIGHT"。

（十三）CHARGE（未付费用）

1. 填制规范：填写受益人尚未支付给通知行的费用。

2. 注意事项：在 SimTrade 中，一般填写为"RMB0.00"，系统会自动生成。

（十四）CHARGE BY（费用承担人）

1. 填制规范：填写各相关银行的银行费用的承担人。

2. 注意事项：在 SimTrade 中，须与信用证"71B"项目保持一致，一般填写为"BENE"，即受益人，系统会自动生成。

（十五）RECEIVED VIA（来证方式）

1. 填制规范：填写信用证的开证方式。

2. 注意事项：在 SimTrade 中，银行通过 SWIFT 电开信用证，因此该项目填写为"SWIFT"，系统会自动生成。

（十六）AVAILABLE（信用证是否生效）

1. 填制规范：填写信用证是否生效。

2. 注意事项：在 SimTrade 中，信用证立即生效，填写为"VALID"，系统会自动生成。

 小贴士

有些信用证在一定条件下才正式生效，通知行在通知此类信用证时会在正本信用证上加注"暂不生效"字样。因此在此种情况下，受益人应在接到通知行的正式生效通知后再办理发货。

（十七）TEST/SIGN（印押是否相符）

1. 填制规范：填写信用证印押是否相符。

2. 注意事项：在 SimTrade 中，一般填写"YES"，系统会自动生成。

（十八）CONFIRM（我行是否保兑行）

1. 填制规范：填写通知行是否为该信用证的保兑行。

2. 注意事项：在 SimTrade 中，须与信用证"49"项目保持一致，即不加具保兑，故一般填写为"NO"，系统会自动生成。

（十九）通知行签章

1. 填制规范：填写通知行（出口地银行）的英文名称。

2. 注意事项：在 SimTrade 中，须与出口地银行"Profile（资料）"的英文名称完全一致。

[知识指南]

一、进口付汇核销单的定义

贸易进口付汇核销单（代申报单）系指由国家外汇管理局监制、保管和发放，进口单位和银行填写，银行用以为进口单位办理贸易进口项下的进口售付汇和核销的凭证。每份进口核销单只能用来办理一笔售付汇手续。根据《国际收支统计申报办法实施细则》，进口核销单既用于贸易项下进口售付汇核销，又用于国际收支申报统计。

二、信用证开证申请书的定义

开证申请人（进口方）在向开证行（进口地银行）申请开证时必须填制开证申请书。开证申请书是开证申请人对开证行的付款指示，也是开证申请人与开证行之间的一种书面契约，它规定了开证申请人与开证行的责任。开证申请书主要依据贸易合同中的有关主要条款填制，申请人填制后附合同副本一并提交银行，供银行参考、核对。信用证一经开立则独立于合同，因而在填写开证申请时应谨慎查核合同的主要条款，并将其列入申请书中。一般情况下，开证申请书都由开证银行事先印就，以便申请人直接填制。开证申请书通常为一式两联，申请人除填写正面内容外，还须签具背面的"开证申请人承诺书"。

三、信用证的定义

在国际贸易活动中，买卖双方可能互不信任，买方担心预付款后，卖方不按合同要求发货；卖方也担心在发货或提交货运单据后买方不付款。因此需要两家银行作为买卖双方的保证人，代为收款交单，以银行信用代替商业信用。银行在这一活动中所使用的工具就是信用证。信用证是银行（即开证行）依照进口商（即开证申请人）的要求和指示，对出口商（即受益人）发出的、授权出口商签发以银行或进口商为付款人的汇票，保证在交来符合信用证条款规定的汇票和单据时，必定承兑和付款的保证文件。信用证是国际贸易中最主要、最常用的支付方式。

四、信用证的运作流程

1. 国际贸易买卖双方在贸易合同中约定采用信用证付款。

2. 买方根据合同填写开证申请书，向所在地银行申请开证。开证要交纳一定数额的信用证定金，或请有资格的第三方公司担保。

3. 开证银行按申请书中的内容开出以卖方为受益人的信用证，再通过卖方所在地的往来银行向卖方发出信用证通知书。卖方接到信用证通知后，凭此通知书前往银行领取信用证，经过核对信用证与合同条款，审核信用证合格后发货。如果卖方发现信用证有问题，则应及时告知买方修改信用证。

4. 卖方在按信用证规定发货后，取得货物装船的有关单据，并开出汇票，在信用证有效期内，向所在地银行交单，办理议付货款。

5. 议付银行核验信用证和有关单据合格后，按照汇票金额扣除利息和手续费，将货款垫付给卖方，卖方收到后即可结汇。

6. 议付银行将汇票和货运单寄给开证银行收账，开证银行收到汇票和有关单据后，通知买方付款。

7. 买方接到开证银行的通知后，向开证银行付款或承兑并领取货运单据。付款是指向开证银行交付除预交开证定金外的信用证余额货款。

小结

通过本项目的学习，学生需熟练填写申请和开立信用证的内容，并根据信用证的种类及三大特点，了解信用证审证技巧及应当注意的问题。

？思考

1. 信用证结算相对于汇付（T/T）和托收（D/P）的优势在哪里？劣势在哪里？

2. 进口商审核信用证时应当注意哪些问题？

实验项目五　备　货

本章导读

学生需了解工厂交易产品的种类与价格，审核预算，并上网查询国内签订购货合同应注意的问题。

［实训内容］

1. 出口商：起草国内买卖合同，把合同发送工厂，取货。

2. 工厂：确认购销合同，组织生产，出货。

［实训目的］

1. 了解并掌握国内购销合同的签订与履行。

2. 了解 SimTrade 中国内工厂的生产和出货。

［实训步骤］

一、出口商操作

1. 起草国内买卖合同（注：合同既可由出口商起草，也可由国内工厂起草）。

（1）以出口商身份登录，点"Business（业务中心）"，再点标志为"工厂"的建筑物。

（2）在弹出页面中点"起草合同"。

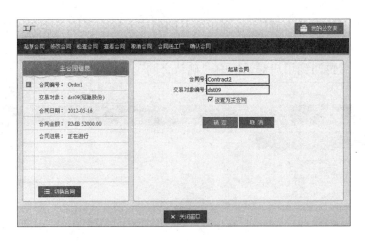

（3）输入合同号（如"Order00057002"），输入对应的工厂编号（如 user），并勾选选项"设置为主合同"，点"确定"填写表单内容。

（4）填写完成后点"保存"。

2. 回到业务画面，点"检查合同"，确认合同填写无误后，再点"合同送工厂"。然后，等待国内工厂确认合同，收取确认合同的邮件后等待工厂发货。

3. 出口商收取工厂已放货的通知邮件后，点"库存"，可看到所订购的货物已在库存列表中，备货完成。

二、国内工厂操作

1. 确认买卖合同。

（1）以工厂的身份登录，收取出口商要求确认合同的邮件；

（2）点"Business（业务中心）"，再点击"出口商"的建筑物；

（3）在弹出画面的左边首先点"切换"，并设置为主合同；

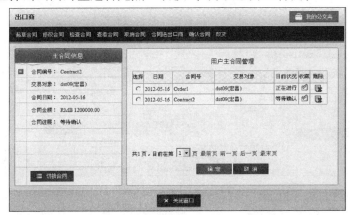

（4）再点"修改合同"，在弹出的合同的下方签字，填入各项详细信息［账号等可在工厂"Profile（资料）"中找到］，点"保存"；

（5）然后再回到用户对话框中"确认合同"。

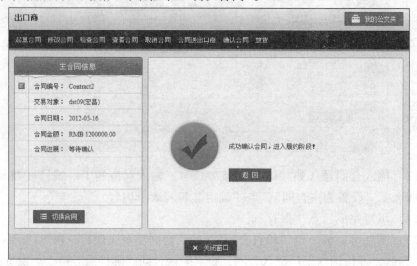

2. 组织生产。

（1）点"Business（业务中心）"中标志为"市场"的建筑物，再点"查看市场"；

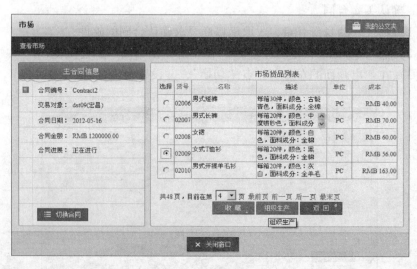

（2）选择商品"21001"，点"组织生产"；

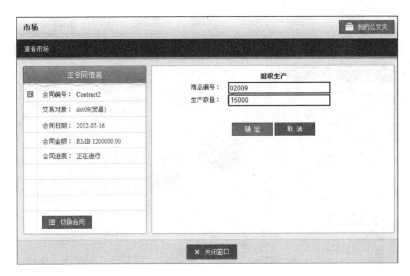

（3）再输入生产数量"40"，点"确定"，完成生产。

3. 放货。

（1）点标志为"出口商"的建筑物；

（2）再点"放货"，将货物送出口商处，系统将自动收取货款。

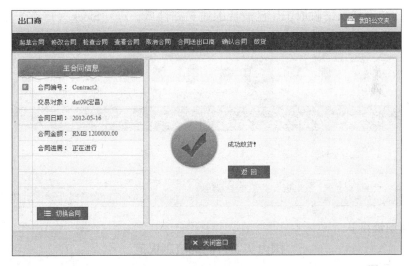

4. 缴税。点标志为"国税局"的建筑物，再点"缴税"。至此，该笔交易完成，工厂可点"Finance（财务）"查看自己的财务状况。

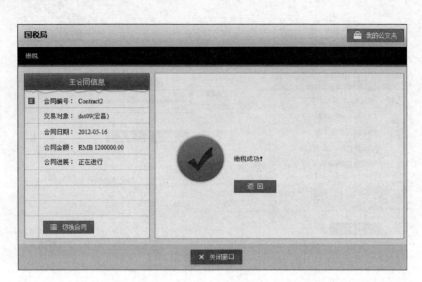

 小贴士

国内工厂在放货后一定要缴税，否则国内工厂的操作就没有完成，国内工厂的得分也不能更新。

5. 出口商登录，收取工厂已放货的通知邮件后，点"Stock（库存）"，可看到所订购的货物已在库存列表中，备货完成。

[知识链接]

国内买卖合同的填制规范

一、卖方

1. 填制规范：填写工厂中文名称。

2. 注意事项：在 SimTrade 中，工厂资料可在"淘金网"的"公司库"里查询。

二、买方

1. 填制规范：填写出口商公司中文名称。

2. 注意事项：在 SimTrade 中，出口商名称与出口商"Profile（资料）"中保持一致。

三、合同编号

1. 填制规范：填写买卖合同编号，由卖方或买方自行编设，以便存储归档管理之用。

2. 注意事项：在 SimTrade 中，该编号已由买方在起草合同时填入，系统会自动生成，不能再修改。

四、签订时间、地点

1. 填制规范：填写买卖合同签订日期、地点。

2. 注意事项：在 SimTrade 中，采用年/月/日 8 位数字的填报方式填写时间，如：2014 – 11 – 27。

五、产品编号

1. 填制规范：填写货号，合同上应记明各种产品编号。

2. 注意事项：在 SimTrade 中，货号必须填写"淘金网"的"产品展示"里已有的五位商品编号。

六、品名规格

1. 填制规范：详细填明各项商品的中文名称及规格。

2. 注意事项：名称和规格需分两行填写：第一行写名称，第二行写规格。在 SimTrade 中，名称与规格必须与"商品基本资料"里的"中文名称"及"中文描述"完全一致。

3. 填写示例：

滚筒洗衣机

机型：滚筒洗衣机，自动化程度：全自动，转速：1200 转/分

七、计量单位

1. 填制规范：填写货物数量的计量单位。

2. 注意事项：在 SimTrade 中，货物的计量单位在"商品基本资料"里已经注明，需要注意的是，此栏应填写销售单位而非包装单位。不同类别的产品，销售单位和包装单位不同，例如：食品类的销售单位是 CARTON，钟表类的销售单位则是 PC，滚筒洗衣机的销售单位是 SET。

八、数量

1. 填制规范：填写货物计量单位（销售单位）的交易数量。

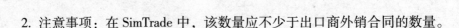

2. 注意事项：在 SimTrade 中，该数量应不少于出口商外销合同的数量。

九、单价

1. 填制规范：填写商品的价格。

2. 注意事项：在 SimTrade 中，价格的默认单位是元，只需填写数字即可，价格是工厂根据成本通过往来函电报价给出口商，双方经过协商后确定的交易价格。

十、总金额

1. 填制规范：填写每项商品的总的交易金额，总金额＝单价×数量。

2. 注意事项：在 SimTrade 中，一个合同涉及多项商品时，此栏应与每一项商品相对应。

十一、交（提）货时间及数量

1. 填制规范：填写工厂交货的时间及交货数量。

2. 注意事项：在 SimTrade 中，交货时间应当在出口商与进口商签订的外销合同中规定的最迟装运日之前。

3. 填写示例：

2014 年 12 月 20 日前工厂交货，交货数量为 40 台。

十二、合计

1. 填制规范：分别填入所有货物累计的总数量和总金额及其单位，总数量和总金额为相应栏目的加总。

2. 注意事项：在 SimTrade 中，如交易两种或两种以上销售单位不同的商品时，计量单位栏填写"件"。

十三、合计人民币（大写）

1. 填制规范：以文字（大写）填写该笔交易的总金额。

2. 注意事项：在 SimTrade 中，大写金额必须与货物总价数字表示的金额一致

3. 填写示例：

36 000 元大写为：叁万陆仟元整。

360.6 元大写为：叁佰陆拾元陆角零分。

 小贴士

数字：零、壹、贰、叁、肆、伍、陆、柒、捌、玖

数量单位：拾、佰、仟、万、亿

金额单位：元（圆）、角、分、零、整（原则上角后不写"整"）。

十四、备注

1. 填制规范：公司多使用格式化的合同，难免有需要改动和补充之处，有特殊规定或其他条款的可在此栏说明。

2. 注意事项：在 SimTrade 中，无特殊事项一般无需填写。

3. 填写示例：

所有产品的生产日期采用暗码打字方式，不得在包装上显示生产日期。

十五、质量要求技术标准、卖方对质量负责的条件和期限

1. 填制规范：填写买卖双方对产品质量的约定以及卖方对产品质量的责任。

2. 填写示例：

质量符合国标出口优级品，如因品质问题引起的一切损失及索赔由供方承担，质量异议以本合同产品保质期为限。

 小贴士

ISO9001 认证是 ISO9000 族标准所包括的一组质量管理体系的核心标准之一。凡是通过 ISO9001 认证的企业，在各项管理系统整合上已达到了国际标准，表明企业能持续稳定地向顾客提供预期和满意的合格产品。

十六、交（提）货地点、方式

1. 填制规范：填写卖方交货的地点及方式。

2. 填写示例：

工厂所在地交货，负责装上买方指定的运输工具。

十七、交（提）货地点、运输方式及费用负担

1. 填制规范：填写买方提货的地点、运输货物的方式和运输费用的负担情况。

2. 填写示例：

集装箱货车上门取货，所有费用由买方承担。

十八、包装标准、包装物的供应与回收和费用负担

1. 填制规范：填写货物的包装要求及费用的负担情况。

2. 填写示例：

采用符合出口标准的纸箱包装，包装设计由买方提供，费用由卖方承担。

十九、验收标准、方法及提出异议期限

1. 填制规范：填写货物检验标准、方法及异议的解决方法。

2. 填写示例：

卖方应提供质量检验合格证书，买方代表按出口优级品标准检验商品的品质

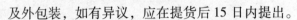
及外包装，如有异议，应在提货后 15 日内提出。

二十、结算方式及期限

1. 填制规范：填写货款的结算方式及时间。

2. 填写示例：

需方凭供方提供的增值税发票及相应的税收（出口货物专用）缴款书在供方工厂交货后 7 个工作日内付款。如果供方未将有关票证备齐，需方扣除 17% 税款支付给供方，等有关票证齐全后结清余款。

二十一、违约责任

1. 填制规范：填写货款的结算方式及时间。

2. 填写示例：

买卖双方应严格履行合同内容，违约方须向另一方支付合同金额的 15% 作为违约金。

二十二、解决合同纠纷的方式

1. 填制规范：规定买卖双方解决纠纷的方式。

2. 填写示例：

凡因本协议引起的或与本协议有关的任何争议，由双方友好协商解决。协商不成时，双方均有权向有管辖权的人民法院提起诉讼。

二十三、卖方

1. 填制规范：填写国内工厂相关信息及负责人签名。

2. 注意事项：在 SimTrade 中，应与工厂"Profile（资料）"中的信息一一对应，包括税务登记号、账号等。出口商在起草合同时该栏无法填写，由工厂确认合同时填写。

二十四、买方

1. 填制规范：填写出口商公司相关信息及负责人签名。

2. 注意事项：在 SimTrade 中，应与出口商"Profile（资料）"中的信息一一对应，包括税务登记号、账号等。

[知识指南]

国内买卖合同与国际合同内容大致相同，较简单，用中文填写。它是规定出口公司与国内厂家相互之间的权利和义务的法律文件。通常情况下，订立国际货物买卖合同之后的第一步就是根据合同和信用证的规定按时、按质、按量地准备好应交的货物。对于大的有出口经营权的集团公司，通常由出口部向生产加工及仓储部门下达联系单，而无实体的出口公司则向国内的工厂签订国内买卖合同。无论是哪一类，出口商都要在国际合同规定的最迟交货时间前备好货物准备装运。

小结

根据进出口合同来确定工厂交易产品的种类与价格，并适度审核预算，掌握签订购货合同时应注意的问题。

？ 思考

1. 工厂的订货数量的选择有什么技巧？
2. 如何巧妙确定订货量来尽量节约运费？

实验项目六　租船订舱

本章导读

学生需了解货运代理有限公司以及国际班轮运输公司，并复习国际班轮运输运费的计算方法。

[实训内容]

1. 出口商填写出运委托书。
2. 出口商准备相关单据向船公司办理租船订舱手续。

[实训目的]

1. 了解租船订舱的流程。
2. 学会制作货物出运委托书。
3. 掌握配舱通知的内容。

[实训步骤]

一、准备相关单据

1. 以出口商身份登录，点"Business（业务中心）"，再点标志为"进口商"的建筑物，在"添加单据"中添加"货物出运委托书"后进入"单据列表"中进行填写；

2. 填写完成后点"检查"，确认通过。

二、租船订舱

1. 填写完成后，在"Business（业务中心）"中点击"船公司"；

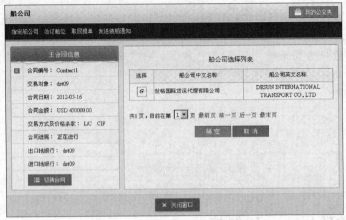

2. 点"指定船公司",选中"世格国际货运代理有限公司",点"确定";

3. 点"洽订舱位",选择集装箱为"20'",填入装船日期"2014 – 12 – 12",再点"确定",订舱完成,系统将返回"配舱通知";

 小贴士

国际标准化组织(ISO)为统一集装箱规格,推荐了多个系列的集装箱,现行的国际标准为第 1 系列的 13 种,国际航运上运用最多的是 20 英尺和 40 英尺两种,即 1A 型和 1C 型。

4. 点标志为"进口商"的建筑物,再点"查看单据列表",可查看"配舱通知"的内容。

小贴士

因为本次交易采用 CIF 贸易术语，因此由出口商负责租船订舱，本项目仅有出口商的操作。如果使用 FOB 贸易术语，租船订舱应由进口商负责，在 SimTrade 中的操作是先由进口商"指定船公司"，再由出口商"洽订舱位"。

[知识链接]

货物出运委托书填制规范

一、日期

1. 填制规范：填写委托出运日期。

2. 注意事项：在 SimTrade 中，此日期必须在合同日期之后，日期采用年/月/日 8 位的填报方式。

二、托运人

1. 填制规范：填写出口商（信用证受益人）中文名称及地址。

2. 注意事项：在 SimTrade 中，中文名称和地址分两行填报，名称和地址在出口商"Profile（资料）"中查找。

三、抬头人

1. 填制规范：填写提单上的抬头人，即货物的收货人，将来船公司签发的提单上的相应栏目的填写会参照委托书的内容。

2. 注意事项：在 SimTrade 中，根据信用证（合同）对提单抬头的规定填写，我们一般做成指示性抬头。

3. 填写示例：

如信用证中要求"FULL SET OF CLEAN ON BOARD BILLS OF LADING MADE OUT TO ORDER"，因此应做成空白指示，填"To order"。

 小贴士

如果信用证要求"FULL SET OF CLEAN ON BOARD BILLS OF LADING MADE OUT TO ORDER OF Sb."，那么应做成记名指示，填写"To order of Sb."。非信用证结算方式下，一般做成记名指示。

四、通知人

1. 填制规范：填写信用证（合同）规定的提单通知人名称及地址，通常为进口商。

2. 注意事项：在 SimTrade 中，由于信用证中对提单的要求是"NOTIFYING

THE APPLICANT"，因此填写开证申请人（进口商）的英文名称和地址，分两行填报。

五、合同号

1. 填制规范：填写相关交易的合同号码。

2. 注意事项：在 SimTrade 中，合同号与合同保持一致。

六、运输编号

1. 填制规范：填写出口商自行编制的用于外运的编号，可直接以发票号作为运输编号。

2. 注意事项：在 SimTrade 中，一般不填。

七、银行编号

1. 填制规范：填写开证行的银行编号，在与开证行的业务联系中必须引用该编号。

2. 注意事项：在 SimTrade 中，关于开证行的银行编号，可以在"淘金网"里"银行"中查找相关信息，也可不填。

八、信用证号

1. 填制规范：填写相关交易的信用证号码。

2. 注意事项：在 SimTrade 中，信用证号码在信用证中查找，如非信用证方式则不填。

九、开证银行

1. 填制规范：填写开证银行的英文名称。

2. 注意事项：在 SimTrade 中，开证银行的英文名称可在信用证中查找，如非信用证方式则不填。

十、付款方式

1. 填制规范：填写合同约定的付款方式。

2. 注意事项：在 SimTrade 中，如采用信用证的付款方式，填写"L/C"。此外，根据付款方式还可以填写"D/P"、"D/A"或"T/T"。

十一、贸易性质

1. 填制规范：填写交易的贸易方式。

2. 注意事项：在 SimTrade 中，货物都是采用一般贸易的方式，因此统一填写"一般贸易"。

十二、贸易国别

1. 填制规范：填写进口国的名称。

2. 注意事项：在 SimTrade 中，必须与进口商"Profile（资料）"中系统分配的国别一致，填写英文名称。

十三、运输方式

1. 填制规范：填写货物运输采用的方式，如海运、陆运、空运等方式。

2. 注意事项：在 SimTrade 中，只有海洋运输，因此填写"海运"。

十四、消费国别

1. 填制规范：填写出口货物实际消费的国家（地区），通常为进口国。如无法确定实际消费国，可填最后运往国。

2. 注意事项：在 SimTrade 中，因为不模拟转运，该栏目和贸易国别一致。

十五、装运期限

1. 填制规范：填写货物装运的最迟时间。

2. 注意事项：在 SimTrade 中，不得晚于信用证中规定的最迟装运期，采用年/月/日 8 位的填报方式。

十六、出口口岸

1. 填制规范：填写货物出境时我国港口或国境口岸的名称。若出口货物在设有海关的发运地办理报关手续，出口口岸仍应填写出境口岸的名称。

2. 注意事项：在 SimTrade 中，按照信用证（合同）中所列装运港填写英文名称。

十七、有效期限

1. 填制规范：填写信用证的有效期限。

2. 注意事项：在 SimTrade 中，按照信用证所列填写，与信用证保持一致。采用年/月/日 8 位的填报方式。非信用证形式不填。

十八、目的港

1. 填制规范：填写出口货物运往境外的最终目的港。最终目的港不可预知的，可按尽可能预知的目的港填报。

2. 注意事项：在 SimTrade 中，按照信用证（合同）所列目的港填写英文名称。

十九、可否转运、可否分批

1. 填制规范：填写是否允许转运和分批装运。

2. 注意事项：在 SimTrade 中，按照信用证（合同）所列填写，由于不模拟转运和分批装运，统一填写为"否"或"NO"或"N"。

二十、运费预付、到付

1. 填制规范：填写运费的支付方式，千万不可漏列，否则收货人会因运费问题提不到货。此时虽可查清情况，但因拖延提货时间，也将造成损失。

2. 注意事项：在 SimTrade 中，根据买卖双方采用的贸易术语填写，因为该交易采用的是 CIF 价格术语，因此应在运费预付栏填"是"或"YES"或"Y"字样，在到付栏填"否"或"NO"或"N"。

 小贴士

CIF 或 CFR 出口，在运费预付栏填"是"或"YES"或"Y"字样，在到付栏填"否"或"NO"或"N"；如 FOB 出口，则相反，除非收货人委托发货人垫付运费。

二十一、标志唛头

1. 填制规范：填写买卖双方约定的唛头。如合同规定唛头文字过长，用"/"将独立意思的文字彼此隔开，可以向下错行。即使无线相隔，也可酌情错开。

2. 注意事项：在 SimTrade 中，按照合同的规定填写，与合同保持一致。

二十二、货名规格

1. 填制规范：填写货物名称及规格。

2. 注意事项：在 SimTrade 中，按照合同的规定填写，填写货物英文名称和货物英文描述，分两行填报，也可直接从合同中复制。

二十三、件数、数量

1. 填制规范：分别填写货物的外包装数量与销售数量。

2. 注意事项：在 SimTrade 中，"件数"填写外包装数量及单位，"数量"填写销售数量及单位，销售数量应与合同一致，单位用英文即可。

3. 填写示例：

件数：40 CARTON；数量：40 SET。

二十四、毛重、净重、价格币制、单价、总价

1. 填制规范：按货物的实际情况填写。

2. 注意事项：在 SimTrade 中，毛重、净重填写整批货物的重量，数量及相应的单位或币种应与合同保持一致。

3. 填写示例：

产品编号	21001		
货名规格	PLATEN WASHING MACHINE TYPE:PLATEN WASHING MACHINE,AUTOMATION DEGREE:THE FULLY AUTOMATIC SPEED:1200 RPM		
标志唛头	N/M		
数量	40	单位	SET
件数	40		CARTON
毛重	2760		KGS
净重	2520		
单位	USD	单价	900
		总价	36000

二十五、TOTAL

1. 填制规范：填写出口货物总的件数、数量、毛重、净重及价格。

2. 注意事项：在 SimTrade 中，如交易两种或两种以上销售单位不同的商品时，合计栏里单位统一表示为"PACKAGE"。

二十六、受托人注意事项

1. 填制规范：填写承运人或货运代理人需注意的事项。

2. 注意事项：在 SimTrade 中，一般应填写。

二十七、FOB 价

1. 填制规范：填写出口货物离开我国国境的 FOB 价格，如按 CIF、CFR 价格成交的，应扣除其中的保险费、运费以及其他佣金、折扣等。以成交币种折算成人民币和美元时，均应按当天中国人民银行公布的汇率折算。

2. 注意事项：在 SimTrade 中，FOB 价可参照"出口预算表"，计算方法参见**实训专题：价格核算——出口商的价格核算**。

二十八、总体积

1. 填制规范：按照货物的实际情况填写，填写整批货物的总体积。

2. 注意事项：在 SimTrade 中，除信用证（合同）另有规定者外，一般以立方米（CBM）列出。计算方法参见**实训专题：价格核算——出口商的价格核算**。

3. 填写示例：

［23］［CBM］

二十九、保险险别、保额、赔偿地点

1. 填制规范：填写出口货物的投保的险别、保险额度以及赔偿的地点。

2. 注意事项：在 SimTrade 中，应与外销合同的"Insurance"条款保持一致。

3. 填写示例：如果合同规定"The SELLER shall arrange marine insurance cov-

ering All Risks for 110% of CIF value and provide of claim, if any, payable in China with U.S. currency",那么,"保险险别"填写"All Risks","保额"按照货物 CIF 价格的 110% 计算后填写,"赔偿地点"填写"China"。

 小贴士

由于保险金额的计算是以 CIF(或 CIP)货价为基础的,因此,对外报价时如果采用 CFR(或 CPT)和 FOB(或 FCA)术语成交的,均不应以 CFR(或 CPT)或 FOB(或 FCA)价格为基础直接来计算,而应先将 CFR(或 CPT)或 FOB(或 FCA)价格换算为 CIF(或 CIP)价格后再求出相应的保险金额和保险费。

1. CIF 成交:保险金额 = CIF 货价 ×1.1

2. CFR 成交:保险金额 =CFR 货价 ×1.1/(1 −1.1 × r)

3. FOB 成交:保险金额 =(FOB 货价 + 海运费)×1.1/(1 −1.1 × r)

其中 r 为保险费率,请在"淘金网"里"保险费"页面查找,将所投险别的保险费率相加即可。

三十、海关编号

1. 填制规范:填写出口商的海关代码。

2. 注意事项:在 SimTrade 中,出口商海关代码在"(Profile)资料"里查找,由系统自动生成。

三十一、制单员

1. 填制规范:填写制单员姓名。

2. 注意事项:在 SimTrade 中,可以填写出口商法人代表的中文名称。

三十二、受托人名称、电话、传真、委托代理人

1. 填制规范:填写受托人的相关信息。

2. 注意事项:在 SimTrade 中,一般不填。

三十三、委托人名称、电话、传真、委托代理人

1. 填制规范:填写委托人的相关信息。

2. 注意事项:在 SimTrade 中,填写出口商的名称、电话、传真及法人代表中文姓名,在出口商的"(Profile)资料"中查找。

[知识指南]

一、租船订舱的基本概念

租船订舱是租船和订舱的合成词,在国际货物运输和交付的过程中,在海运方式下,如货物的数量较大,可以洽租整船甚至多船来装运,这就是"租船(Charter)";如果货物量不大,则可以租赁部分舱位来装运,这就是"订舱(Book

Shipping Space)"。订舱通常是班轮订舱，是货物托运人或其代理人根据其具体需要，选定适当的船舶向承运人（通常为班轮公司或它的营业机构）以口头或订舱函电进行预约洽订舱位装货、申请运输，承运人对这种申请给予承诺的行为。

在 CIF/CIP 或 CFR/CPT 条件下，订舱是卖方的主要职责之一；在 FOB/FCA 条件下，则由买方负责，当然买方也可委托卖方进行此项工作。卖方收到国外开来的信用证，经过审核无误（信用证方式下）且完成备货后，能否做到船货衔接，按合同及信用证规定的时间及时将货物装运，主要取决于订舱这个环节。

二、订舱的准则

出口公司根据船公司提供的船期表掌握船、货情况，在船舶抵达港口或签单前，及时办理托运手续。

出口公司办理订舱手续时，力求准确无误，尽量避免加载（增加订舱数量）、退载和变载的情况发生，以免影响承运人和船、货代理人以及港务部门的工作。

对于发生额外特殊货物，如散装油类、冷藏货和鲜活货物的订舱，出口公司应事先通知承运人或船、货代理人，并列明要求。

三、订舱的程序

订舱通常由船舶代理机构办理，也可向船公司直接洽订。一般来说，当货方需要洽订整船舱位时，常以航次租船方式来完成货物的运输；其余情况下通常都选用班轮订舱的方式。班轮订舱的操作流程主要分为以下几个步骤：

1. 询价。货方首先需掌握发货港至各大洲各大航线常用的及货主常需服务的港口、价格以及主要船公司的船期信息。

2. 订舱。货方经过比较之后选择合适的船公司，并根据合适的班轮船期向船方订舱，填写托运单。

3. 接受订舱。船方根据货方提供的载重量、货舱容积及订舱货载的具体特点，拟定合理装运方案，并通过代理与货方联系。

4. 签发订舱单。双方协商一致后，船方签发订舱单（Book Note，Berth Note）。

 小结

通过本项目学习，应区别货运代理有限公司以及国际班轮运输公司的作用，熟练掌握国际班轮运输运费的计算方法。

? 思考

1. 如何选择集装箱？区别 FCL 和 LCL 下运费的计算。

2. 配舱通知的作用有哪些？它和运单的区别有哪些？

实验项目七　出口报检

本章导读

　　学生需了解报检在国际贸易交易中的作用，上网查询报检时应注意的事项，并复习报检的基本流程，了解各流程之间的关系。

[实训内容]

1. 出口商制作出境货物报检单、发票和装箱单。

2. 出口商准备相关单据并向检验机构办理报验手续。

[实训目的]

1. 了解出口报检的流程。

2. 学会制作出境货物报检单、商业发票、装箱单。

 小贴士

不是所有的货物出口时都必须报检，在 SimTrade 中，交易商品是否需要出口检验，可在"B2B（淘金网）"里"税率查询"页，输入商品的海关编码查询。查到相对应的监管条件后，查看代码符号，若有 B（出境货物通关单），则依规定必须办理出口检验。

[实训步骤]

一、添加相关单据

1. 以出口商身份进入，点"Business（业务中心）"，再点标志为"进口商"的建筑物；

2. 点"添加单据"添加"出境货物报检单"、"商业发票"、"装箱单"（注：填制说明见［知识链接］出境货物报检单、商业发票、装箱单的填制说明，表单样本请参考附录中的附表 10、11、12）；

3. 填写完成后点"保存"；

4. 回到业务画面中，点"检查"，确认各个单据填写正确。

二、申请出口报检

1. 回到"Business（业务中心）"，点标志为"检验机构"的建筑物；

2. 再点"申请报检"，选择单据"销货合同"、"信用证"、"商业发票"、"装箱单"、"出境货物报检单"后，点"报检";

3. 报检完成后，检验机构签发"出境货物通关单"及出口商申请签发的相应检验证书。

三、申请产地证

1. 添加"普惠制产地证明书"进行填写；

2. 填写完成后检查；

3. 回到"Business（业务中心）"，点"检验机构"；

4. 再点"申请产地证"，选择产地证类型为"普惠制产地证明书"，点"确定"，完成申请。

[知识链接]

出境货物报检单填制规范

一、报检单位（加盖公章）、登记号、联系人、电话、日期

1. 填制规范：填写报检单位（出口商）中文名称并加盖公章或报验专用章（或附单位介绍信），并准确填写本单位报检登记代码、联系人、电话及报检日期。

2. 注意事项：在 SimTrade 中，报检单位登记号即单位的海关代码，联系人填写公司法人，相关资料可在出口商"Profile（资料）"中查找。报检日期应在最迟转运期之前。

二、编号

1. 填制规范：填写出入境检验检疫机关给报关单编制的号码。

2. 注意事项：在 SimTrade 中，系统自动生成，不必填写。

三、发货人

1. 填制规范：填写出口商的名称。

2. 注意事项：在 SimTrade 中，要求用中文、英文同时填写，分别填写出口商的中英文名称，需与出口商"Profile（资料）"中的内容一致。

四、收货人

1. 填制规范：填写进口商的名称。

2. 注意事项：在 SimTrade 中，只需填写进口商的英文名称，与合同上的买方或信用证的开证人名称保持一致。

五、货物名称（中/外文）

1. 填制规范：填写货物的名称及规格。

2. 注意事项：在 SimTrade 中，货物的名称和规格要用中文、英文同时填写，需分四行填报，分别是中文名称、中文描述、英文名称、英文描述。

3. 填写示例：

滚筒洗衣机

机型：滚筒洗衣机，自动化程度：全自动，转速：1200 转/分

PLATEN WASHING MACHINE

TYPE：PLATEN WASHING MACHINE，AUTOMATION DEGREE：THE FULLY AUTOMATIC，SPEED：1200 RPM

六、H. S. 编码

1. 填制规范：填写商品的海关编码。

2. 注意事项：在 SimTrade 中，注意区分商品编码和商品的海关编码，商品

的海关编码就是 H. S. 编码，是按《商品分类及编码协调制度》给商品分配的 10 位数字。

 小贴士

《商品名称及编码协调制度的国际公约》（International Convention for Harmonized Commodity Description and Coding System）简称协调制度（Harmonized System，缩写为 H. S.）。该制度是一部科学的、系统的国际贸易商品分类体系，采用 6 位编码，适用于税则、统计、生产、运输、贸易管制、检验检疫等多方面，已成为国际贸易的一种标准语言。我国海关编码即 H. S. 编码采用 10 位编码，它是在 H. S. 分类原则和方法基础上，根据我国进出口商品的实际情况延伸出来的。

七、产地
1. 填制规范：填写商品的原产国或地区。
2. 注意事项：在 SimTrade 中，出口货物产地统一填写为"中国"或"China"。

八、数/重量
1. 填制规范：填写实际申请检验检疫出口货物的数量或者重量及其单位。
2. 注意事项：在 SimTrade 中，填写商品的销售数量及单位，而非包装数量及单位，要与合同保持一致。

九、货物总值
1. 填制规范：填写货物总值，并注明货币单位。对于加工贸易生产出口的货物应填写料费与加工费的总和，不得只填写加工费。
2. 注意事项：在 SimTrade 中，货物总值应与合同及发票保持一致。

十、包装种类及数量
1. 填制规范：填写货物运输包装的种类及件数。
2. 注意事项：在 SimTrade 中，填写包装数量及单位，而非销售数量及单位，需与装箱单"package"栏保持一致。

十一、运输工具名称号码
1. 填制规范：填写货物实际装载的运输工具类别名称（如船、飞机、货柜车、火车等）及运输工具编号（船名、飞机航班号、车牌号码、火车车次）。
2. 注意事项：在 SimTrade 中，只有海运，船名在配舱通知"船名"项中查找复制即可。

十二、贸易方式

1. 填制规范：填写货物的成交方式，如一般贸易、来料加工、补偿贸易等。

2. 注意事项：在 SimTrade 中，只模拟一般贸易，贸易方式统一填写"一般贸易"。

十三、货物存放地点

1. 填制规范：填写报检商品存放的地点，也是商检机构施检或抽取样品的地点。

2. 注意事项：在 SimTrade 中，货物存放地点参照"配舱通知"中的"Place of Delivery（货物存放地）"。

十四、合同号

1. 填制规范：填写报检商品成交的合同号码。

2. 注意事项：在 SimTrade 中，与合同保持一致。

十五、信用证号

1. 填制规范：填写报检商品交易的信用证号。如属非信用证结汇的货物，本栏目应填写"无"或"/"。

2. 注意事项：在 SimTrade 中，与信用证保持一致。

十六、用途

1. 填制规范：填写报检商品的用途。

2. 注意事项：在 SimTrade 中，一般不填。

十七、发货日期

1. 填制规范：填写报检商品实际或预计装运的日期。

2. 注意事项：在 SimTrade 中，不晚于合同或信用证中规定的最迟装运日期，采用年/月/日 8 位填报方式。

十八、输往国家（地区）

1. 填制规范：填写报检货物的最终销售国或地区的名称。

2. 注意事项：在 SimTrade 中，填写进口国中文名称，国家中文名称可在"淘金网"里"运费查询"页查询，如：美国。

十九、许可证/审批号

1. 填制规范：填写需申领许可证或经审批的商品的许可证号码或审批号。

2. 注意事项：在 SimTrade 中，一般不填。

二十、启运地

1. 填制规范：填写报检商品办理报关出运的地点或口岸的名称。

2. 注意事项：在 SimTrade 中，填写起运港中文名称，各港口中文名称可在

"淘金网"里"运费查询"页查询，且必须保持一致。

3. 填写示例：

上海港，不能填写为"上海"。

二十一、到达口岸

1. 填制规范：填写报检商品运往境外的最终目的港的名称。

2. 注意事项：在 SimTrade 中，填写目的港中文名称，各港口中文名称可在"淘金网"里"运费查询"页查询，且必须保持一致，如：纽约。

二十二、生产单位注册号

1. 填制规范：填写出入境检验检疫机构签发给出口商的卫生注册证书号或质量许可证号。

2. 注意事项：在 SimTrade 中，一般不填。

二十三、集装箱规格、数量及号码

1. 填制规范：填写集装箱的规格、数量以及集装箱的号码。

2. 注意事项：在 SimTrade 中，参照"配舱通知"中的信息填写。

3. 填写示例：

20'×1，CBHU3202732

在 SimTrade 中，配舱通知中没有集装箱号码，可直接填报为"20'×1"。

二十四、合同、信用证订立的检验检疫条款或特殊要求

1. 填制规范：填写对商检机构出具检验证书的要求，即检验检疫条款的内容。检验机构制作证书的检验结果内容时会参考此栏的内容。

2. 注意事项：在 SimTrade 中，一般不填。

二十五、标记及号码

1. 填制规范：填写实际货物运输包装上的标记，即商品的唛头。中性包装、裸装、散装商品或没有唛头的应填"N/M"。

2. 注意事项：在 SimTrade 中，需与合同"Shipping Mark"栏的内容保持一致。

二十六、随附单据

1. 填制规范：选择报检时提交的单据。凡属危险或法定检验范围内的商品，在申请品质、规格、数量、重量、安全、卫生检验时，必须提交商检机构签发的出口商品包装性能检验合格单证，商检机构凭此受理上述各种报检手续。

2. 注意事项：在 SimTrade 中，一般选择合同、信用证（信用证方式结算时）、发票和装箱单，该栏目的选择需与出口商报检时提交的单证一致。

二十七、需要证单名称

1. 填制规范：选择按照合同、信用证及有关国际条约规定必须经检验检疫机构检验并签发的证书，应在报检单上准确选择并注明所需检验检疫证书的种类和数量。

2. 注意事项：在 SimTrade 中，通关单必须选择，其他单证需与信用证（合同）的要求保持一致。

二十八、检验检疫费

1. 填制规范：出入境检验检疫机关填写相关检验检疫费用。

2. 注意事项：在 SimTrade 中，不填。

二十九、签名

1. 填制规范：填写出口商法人代表签名。

2. 注意事项：在 SimTrade 中，与出口商"Profile（资料）"中的内容保持一致。

三十、领取证单

1. 填制规范：报检人在检验检疫机构受理报检日现场填写报检日期并签名。

2. 注意事项：在 SimTrade 中，不填。

商业发票填制规范

一、Issuer（出票人）

1. 填制规范：填写出票人（出口商）的英文名称和地址。

2. 注意事项：在 SimTrade 中，名称和地址分两行填报，与出口商"Profile（资料）"中的名称和地址保持一致。

二、To（受票人）

1. 填制规范：也称抬头人，填写货物的卖方（进口商）的英文名称和地址。

2. 注意事项：在 SimTrade 中，名称和地址分两行填报，进口商的详细资料可在"淘金网"里"公司库"查询。

三、NO.（发票号）

1. 填制规范：填写出口商为发票编制的号码。

2. 注意事项：在 SimTrade 中，该编号由系统自动生成。

四、DATE（发票日期）

1. 填制规范：填写发票开出的日期。

2. 注意事项：在 SimTrade 中，发票是签发日最早的单据，它只要不早于合同的签订日期，不迟于提单的签发日期即可。信用证条件下，一般都是在信用证开证日期之后、信用证有效期之前。日期格式采用年/月/日 8 位填报方式。

五、**TRANSPORT DETAILS**（运输说明）

1. 填制规范：填写运输工具或运输方式，一般还加上运输工具的名称及装运时间。如果在中途转运，在信用证允许的条件下，应标示转运及其地点。

2. 注意事项：在 SimTrade 中，装运信息与信用证（合同）保持一致。

3. 填写示例：

From Shanghai to New York on Dec 12，2014 By Vessel.（所有货物于 2014 年 12 月 12 日通过海运，从上海港运往纽约港。）

六、**S/C NO.**（Sales Contract No.，合同号）

1. 填制规范：填写发票出具所依据的买卖合同的编号。

2. 注意事项：在 SimTrade 中，与合同保持一致。买卖合同不都以 "S/C" 为名称，有时出现 "Order"、"P. O."、"Contract" 等。因此，当合同的名称不是 "S/C" 时，应将本项的名称修改后，再填写该合同的号码。

七、**L/C No.**（信用证号）

1. 填制规范：填写信用证的号码。

2. 注意事项：在 SimTrade 中，需与信用证保持一致，若不是信用证方式付款，本项留空。

八、**Term of Payment**（支付条款）

1. 填制规范：填写支付方式的英文简写。

2. 注意事项：在 SimTrade 中，支付方式只有四种，即 T/T、L/C、D/P、D/A，应与合同中规定的支付方式保持一致。

九、**Marks and numbers**（唛头及件数编号）

1. 填制规范：填写商品的唛头及包装数量。

2. 注意事项：在 SimTrade 中，唛头需与合同中 "Shipping Marks" 项保持一致，无唛头时，应注 "N/M" 或 "No Mark"。件数有两种表示方法：一是直接写出×件；二是在发票中记载。件数可不填。

3. 填写示例：

PWMS（货品名称）

NEW YORK（目的港）

CONTRACT00057002（合同号）

C/NO. 1～100（顺序号和总件数）

We hereby declare that the number of shipping marks on each packages is 1～100，we actually shipped 100 cases of goods.（兹申明，每件货物的唛头号码是 1～100，

实际装运货物为 100 箱。）

十、Description of goods（货物描述）

1. 填制规范：填写商品的英文名称及规格。

2. 注意事项：在 SimTrade 中，商业发票的货物描述应与合同中的品名条款一致，名称和规格分两行填报。

3. 填写示例：

PLATEN WASHING MACHINE

TYPE：PLATEN WASHING MACHINE，AUTOMATION DEGREE：THE FULLY AUTOMATIC，SPEED：1200 RPM

十一、Quantity（数量）

1. 填制规范：填写商品的销售数量及单位。

2. 注意事项：在 SimTrade 中，填写商品的销售数量及单位，而不是包装数量及单位，应与合同保持一致。

3. 填写示例：40SET。

十二、Unit Price（单价）

1. 填制规范：填写商品的单价，填写计价货币、单位数额和价格术语。

2. 注意事项：在 SimTrade 中，填写每销售单位的单价，贸易术语填于上方空白栏中，计价货币与单价金额填于下方空白栏中。

3. 填写示例：

CIF NEW YORK USD 900

十三、Amount（金额小计）

1. 填制规范：填写币种及各项商品总金额，总金额 = 单价 × 数量。

2. 注意事项：在 SimTrade 中，应与合同保持一致。

十四、Total（货物总计）

1. 填制规范：分别填入所有货物累计的总数量和总金额及其单位，总数量和总金额为相应栏目的加总。

2. 注意事项：在 SimTrade 中，如交易两种或两种以上销售单位不同的商品时，Unit 的总计统一表示为"PACKAGE"。货物总值不能超过信用证金额。

十五、SAY TOTAL（大写金额）

1. 填制规范：以文字（大写）写出该笔交易的总金额。

2. 注意事项：在 SimTrade 中，大写金额必须与货物总价数字表示的金额一致并且 100% 正确，才能通过，最后要加单词"ONLY"。

十六、Special Terms（特殊条款）

1. 填制规范：很多信用证要求在发票中证明某些事项的条款，譬如发票内容正确、真实，货物产地无误等。应按照信用证（合同）要求在该栏填写。

2. 注意事项：在 SimTrade 中，一般不填。

十七、Signature（签名）

1. 填制规范：填写出口商公司及法人代表的英文名称。

2. 注意事项：在 SimTrade 中，分两行填报，上方空白栏填写出口商英文名称，下方则填写出口商法人代表英文名称。

小贴士

根据《UCP500》条款规定，如果信用证没有特殊要求，发票无须签字，但是必须表明系由受益人出具。如果信用证要求签字（Signed）发票，则应由出口公司的法人代表或者经办制单人员代表公司在发票右下方签名。若信用证中规定"SIGNED COMMER-CIAL INVOICE IN 3 COPIES INDICATING CONTRACT NO. CONTRACT0057002"，则必须有签名。

装箱单填制规范

一、Issuer（出票人）

1. 填制规范：填写出票人（出口商）的英文名称和地址。

2. 注意事项：在 SimTrade 中，名称和地址分两行填报，应与发票的出票人保持一致。

二、To（受票人）

1. 填制规范：也称抬头人，填写货物的卖方（进口商）的英文名称和地址。

2. 注意事项：在 SimTrade 中，名称和地址分两行填报，与发票的受票人保持一致。

三、INVOICE NO.（发票号）

1. 填制规范：填写发票的编号。

2. 注意事项：在 SimTrade 中，与发票保持一致。

四、DATE（日期）

1. 填制规范：填写装箱单开出的日期。

2. 注意事项：在 SimTrade 中，应与发票日期一致，不能迟于信用证的有效期及提单日期。日期格式采用年/月/日 8 位填报方式。

五、Marks and Numbers（唛头及件数编号）

1. 填制规范：填写商品的唛头及数量。

2. 注意事项：在 SimTrade 中，唛头需与发票中"Marks and Numbers"项保持一致，一般只填写唛头。有时也可以只注"as per invoice No. × × ×"。

六、Description of goods（货物描述）

1. 填制规范：填写商品的英文名称及规格。

2. 注意事项：在 SimTrade 中，装箱单的货物描述应与发票中的"Description of goods"项保持一致，名称和规格分两行填报。

3. 填写示例：

PLATEN WASHING MACHINE

TYPE：PLATEN WASHING MACHINE，AUTOMATION DEGREE：THE FULLY AUTOMATIC，SPEED：1200 RPM

七、PACKAGE（外包装件数）

1. 填制规范：填写每种商品的包装件数及单位。

2. 注意事项：在 SimTrade 中，填写包装的数量及单位，而不是销售的数量及单位，单位用英文填报。

八、G. W（Gross Weight，毛重）

1. 填制规范：填写种商品的总毛重及重量单位。

2. 注意事项：在 SimTrade 中，分别填入数值与单位，单位用英文填报，可参照出运委托书"毛重"项。

3. 填写示例：

2760 KGS

九、N. W（Net Weight，净重）

1. 填制规范：填写每种商品的总净重及重量单位。

2. 注意事项：在 SimTrade 中，分别填入数值与单位，单位用英文填报，可参照出运委托书"净重"项。

十、Meas.（Measurement，尺寸或体积）

1. 填制规范：填写每种商品的总体积及体积单位。

2. 注意事项：在 SimTrade 中，分别填入数值与单位，单位用英文填报，可参照出运委托书"总体积"项。

3. 填写示例：

23CBM

十一、Total（货物总计）

1. 填制规范：分别填入所有货物累计的总数量及其单位，为相应栏目纵向数值的加总。

2. 注意事项：在 SimTrade 中，上方中括号填写数量，下方中括号填写单位。如交易两种或两种以上包装单位不同的商品时，单位的总计统一表示为"PACK-AGE"。

十二、SAY TOTAL（大写金额）

1. 填制规范：以文字（大写）写出总包装数量。

2. 注意事项：在 SimTrade 中，大写金额必须与货物总包装数字表示的金额一致并且 100% 正确，才能通过，最后要加单词"ONLY"。

3. 填写示例：

FORTY CARTONS ONLY

十三、Special Terms（特殊条款）

1. 填制规范：很多信用证（合同）要求在装箱单中证明某些事项的条款，应按照信用证（合同）要求在该栏填写。

2. 注意事项：在 SimTrade 中，一般不填。

十四、Signature（签名）

1. 填制规范：填写出口商公司及法人代表的英文名称。

2. 注意事项：在 SimTrade 中，分两行填报，上方空白栏填写出口商英文名称，下方则填写出口商法人代表英文名称。

[知识指南]

一、出口报检的基本概念

出口检验，指出口国政府机构依法所做的强制性商品检验，以确保出口商品能符合政府法规规定。其目的在于提高商品质量，建立国际市场信誉，促进对外贸易，保障国内外消费者的利益。目前我国的进出口商品检验机构为出入境检验检疫局。凡列入《出入境检验检疫机构实施检验检疫的进出境商品目录表》（简称《目录表》）的出口商品和其他法律、法规规定须经检验的出口商品，或合同规定必须经由检验检疫机构检验出证的商品，在完成备货后，应在规定地点和期限内向检验机构申请检验。海关凭出入境检验检疫机构签发的《出境货物通关单》和检验证书验放，经检验不合格者，一般不得出口。出口商品检验包括品质检验、安全卫生、数量鉴定、重量鉴定等。

二、出口报检的程序

我国出口商品检验的程序，主要包括 4 个环节：报检资格认定、申请报检、检验、签证与放行。

（一）报检资格认定

1. 报检单位首次报检时须持本单位营业执照和批准证书办理登记备案手续，取得报检单位代码。其报检人员经检验检疫机构培训合格后领取"报检员证"，凭证报检。

2. 代理报检单位须按规定办理注册登记手续，其报检人员经检验检疫机构培训合格后领取"代理报检员证"，凭证办理代理报检手续。

3. 代理报检的，须向检验检疫机构提供委托书，委托书由委托人按检验检疫机构规定的格式填写。

（二）申请报检

1. 应实行出口检验的商品，报检人应于出口前详细填写《出境货物报检单》，每份出境货物报检单仅限填报一个合同、一份信用证的商品。对同一合同、同一信用证但标记号码不同者，应分别填写相应的报检单。

2. 除了报检单，还应同时提交有关的单证和资料，如双方签订的外贸合同与合同附件、信用证、商业发票、装箱单以及厂检单、出口商品运输包装性能检验分批核销单等必要的单证，向商品存放所在地的检验机构申请检验，缴纳检验费。

（三）检验

必须经检验检疫机构检验的出口商品、重要的出口商品和大型的成套设备，发货人应该依据对外贸易合同约定在出口国装运前进行预检验、监造或者监装，检验检疫机构根据需要可以派出检验人员参加。

（四）签证与放行

检验检疫机构对检验合格的商品签发《出境货物通关单》与相应的检验检疫证书，出口企业即凭此在规定的有效期内报关出口。经检验检疫不合格的，签发《出境货物不合格通知单》。

1. 凡列入《目录表》内的出口商品，经检验合格后签发通关单（或在"出口货物报关单"上加盖放行章，以代替通关单）。

2. 凡合同、信用证规定由检验部门检验出证的，或国外要求签发检验证书的，根据规定签发所需证书；不向国外提供证书的，只发通关单。

3.《目录表》以外的出口商品，应由检验机构检验的，经检验合格发给证书与通关单后，方可出运。

出口商品的报检人对检验检疫机构做出的检验结果有异议的，可以向原检验机构或者其上级检验机构以至国家商检部门申请复验，由受理复验的检验机构或国家商检部门及时做出复验结论。

小结

通过本项目学习，学生需了解查询报检时应注意的事项，并熟练掌握报检的基本流程，了解各流程之间的关系。

思考

1. 如何选择不同货物所要求的报检单证？
2. 如何区别一般产地证和普惠制产地证明书？

实验项目八 投 保

本章导读

学生需了解不同保险制度的险别设计及各险种保险范围的不同，并明确所交易商品应当投保的最佳险种和理解保险金额。

［实训内容］
1. 出口商填写货物运输保险投保单。
2. 出口商准备相关单据并向保险公司办理保险手续。

［实训目的］
1. 了解海运出口货物投保流程。
2. 学会制作海运出口货物保险投保单。
3. 掌握出口货物保险单的内容。
4. 了解如何在国际贸易货物运输过程中减少风险，熟悉与掌握价格术语CIF、CFR、FOB 的细节与运用技巧。

［实训步骤］
一、准备相关单据
1. 以出口商身份登录，点"Business（业务中心）"，再点标志为"进口商"的建筑物；
2. 添加"货物运输保险投保单"进行填写（注：填制说明见［知识链接］货物运输保险投保单填制规范，表单样本请参考附录中的附表13）；
3. 填写完成后点"检查"，确认通过。

二、办理保险

1. 回到"Business（业务中心）"页面，再点标志为"保险公司"的建筑物；

2. 点"办理保险"，选择单据"商业发票"和"货物运输保险投保单"，再点"办理保险"；

3. 办理完成后，保险公司自动签发"货物运输保险单"。

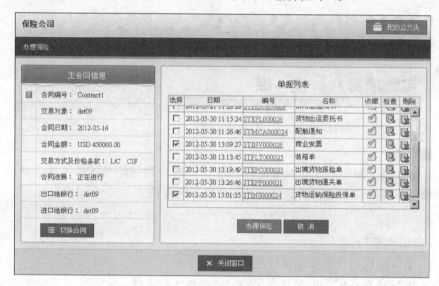

 小贴士

在 CIF 术语下，出口商要向保险公司投保；在 CFR 或 FOB 术语下则由进口商负责。在 SimTrade 中，系统会默认 5% 的出险率，为规避风险，同学们必须要投保。

[知识链接]

货物运输保险投保单填制规范

一、投保人

1. 填制规范：填写投保人公司名称。

2. 注意事项：在 SimTrade 中，如出口商投保（CIF 术语下），填写公司的中文名称；如进口商投保（FOB、CFR 术语下），填写公司的英文名称。

二、投保日期

1. 填制规范：填写投保单的填制日期。

2. 注意事项：在 SimTrade 中，日期采用年/月/日 8 位填报方式。

三、发票号码

1. 填制规范：填写货物的发票号码。

2. 注意事项：在 SimTrade 中，与发票保持一致。

四、被保险人

1. 填制规范：填写可保利益的实际有关人。

2. 注意事项：在 SimTrade 中，CIF 术语下"客户抬头"项填写出口商的中文名称，而将进口商英文名称填在"过户"项，以便货物发生意外后进口商向保险公司索赔。FOB、CFR 术语下"客户抬头"项填写进口商英文名称，"过户"栏留空。

五、保险金额

1. 填制规范：填写货物的投保金额。

2. 注意事项：在 SimTrade 中，投保金额 = CIF 货价 × （1 + 保险加成率），在进出口贸易中，根据有关的国际贸易惯例，保险加成率通常为 10%，须与货物出运委托书中"保额"项保持一致。

六、启运港

1. 填制规范：填写出口货物装运港口的名称。

2. 注意事项：在 SimTrade 中，装运港用英文填写。签发提单的，要与提单保持一致；未签发提单的，要与货物出运委托书保持一致。

七、目的港

1. 填制规范：填写出口货物的运抵港口的名称。

2. 注意事项：在 SimTrade 中，目的港用英文填写。签发提单的，要与提单保持一致；未签发提单的，要与货物出运委托书保持一致。

八、转内陆

1. 填制规范：按实际情况填写。

2. 注意事项：在 SimTrade 中，一般不填。

九、开航日期

1. 填制规范：填写载运货物的运输工具开航的日期。

2. 注意事项：在 SimTrade 中，可只填"As Per B/L"，也可根据提单签发日具体填写，如为备运提单，应填装船日。按照 UCP500 的规定，允许填写提单签发前 5 天之内的任何一天的日期。日期采用年/月/日 8 位填报的方式。

十、船名航次

1. 填制规范：海运方式下，填写船名加航次。

2. 注意事项：在 SimTrade 中，如出口商投保，船名与航次可在配舱通知中查找；如进口商投保，则应在出口商发来的装船通知中查找船名航次。

3. 填写示例：

Maasdam/DY105 - 04

十一、赔付地点

1. 填制规范：填写出险赔付的地点，如信用证（合同）未规定，一般是目的地或目的港；如信用证规定不止一个目的港或赔付地，则应全部照填。

2. 注意事项：在 SimTrade 中，用英文填写国家名称，须与信用证（合同）中对保单的规定保持一致。

十二、赔付币别

1. 填制规范：填写赔付的币种。

2. 注意事项：在 SimTrade 中，填写币种的英文简写，须与信用证中对保单的要求保持一致。

十三、保单份数

1. 填制规范：填写保单签发的份数。

2. 注意事项：在 SimTrade 中，保单签发的份数须与信用证中对保单的要求保持一致。

十四、投保条款和险别

1. 填制规范：选择适用的投保条款和投保的险别。

2. 注意事项：在 SimTrade 中，投保条款有 PICC CLAUSE（中国人民保险公司保险条款）和 ICC CLAUSE（伦敦协会货物险条款）两种，可任选其一。中国人民保险公司保险条款的基本险险别为一切险、水渍险、平安险，伦敦协会货物险条款包括 ICC（A）险条款、ICC（B）险条款、ICC（C）险条款，条款和险别不能交叉。在 SimTrade 中，开放了一部分险别供选择，有些险别无法勾选。投保险别须与信用证中对保单的要求保持一致。由于一切险［或 ICC（A）险］条款承保范围最大，包括了一般附加险，如果勾选了一切险［或 ICC（A）险］，一般附加险的条款可不勾选。

 小贴士

投保险别包括：ALL RISKS 一切险；W. P. A. /W. A. 水渍险；F. P. A. 平安险；WAR RISKS 战争险；S. R. C. C. 罢工、暴动、民变险；STRIKE 罢工险；ICC CLAUSE A 协会货物（A）险条款；ICC CLAUSE B 协会货物（B）险条款；ICC

CLAUSE C 协会货物（C）险条款；AIR TPT ALL RISKS 航空运输综合险；AIR TPT RISKS 航空运输险；O/L TPT ALL RISKS 陆运综合险；O/L TPT RISKS 陆运险；TRANSHIPMENT RISKS 转运险；W TO W 仓至仓条款；T. P. N. D. 偷窃、提货不着险；F. R. E. C. 存仓火险责任扩展条款（货物出口到香港，包括九龙或澳门）；R. F. W. D. 淡水雨淋险；RISKS OF BREAKAGE 包装破裂险；I. O. P. 不计免赔率。

十五、其他特别条款

1. 填制规范：填写特殊投保条款，以分号隔开。

2. 注意事项：在 SimTrade 中，一般不填。

[知识指南]

一、保险投保的流程

在国际货物买卖过程中，由哪一方负责办理投保国际货物运输保险，应根据买卖双方商定的价格条件来确定。如按 FOB/FCA 条件和 CFR/CPT 条件成交，保险即应由买方办理；如按 CIF/CIP 条件成交，保险就应由卖方办理。办理国际货物运输保险的一般程序是：

（一）确定保险金额

保险金额是诸保险费的依据，又是货物发生损失后计算赔偿的依据。按照国际惯例，保险金额应按商业发票上的 CIF/CIP 的价格加一成计算。但是，各国市场情况不尽相同，对进出口贸易的管理办法也各有异。向中国人民保险公司办理进出口货物运输保险有两种办法：一种是逐笔投保；另一种是按签订预约保险总合同办理。

（二）填写国际运输保险投保单

投保单是投保人向保险人提出投保的书面申请，其主要内容包括被保险人的姓名，被保险货物的品名、标记、数量及包装，保险金额，运输工具名称，开航日期及起讫地点，投保险别，投保日期及签章，等等。

（三）支付保险费，取得保险单

保险费按投保险别的保险费率计算。保险费率是根据不同的险别、不同的商品、不同的运输方式、不同的目的地，并参照国际上的费率水平而制定的。它分为"一般货物费率"和"指明货物加费费率"两种。前者是一般商品的费率，后者系指特别列明的货物（如某些易碎、易损商品）在一般费率的基础上另行加收的费率。交付保险费后，投保人即可取得保险单。保险单实际上已构成保险人与投保人之间的保险契约，是保险人向投保人出具的承保证明。在发生保险范围内的损失或灭失时，投保人可凭保险单要求赔偿。

（四）提出索赔手续

当被保险的货物发生属于保险责任范围内的损失时，投保人可以向保险人提出赔偿要求。被保险货物运抵目的地后，收货人如发现整件短少或有明显残损，应立即向承运人或有关方面索取货损或货差证明，并联系保险公司指定的检验理赔代理人申请检验，提出检验报告，确定损失程度，同时向承运人或有关责任方提出索赔。属于保险责任的，可填写索赔清单，连同提单副本、装箱单、保险单正本、磅码单、修理配置费凭证、第三者责任方的签证或商务记录以及向第三者责任方索赔的来往函件等向保险公司索赔。索赔应当在保险有效期内提出并办理，否则保险公司可以不予办理。

二、保险单定义及内容

保险单简称为保单，是保险人与被保险人订立保险合同的正式书面证明。保险单必须完整地记载保险合同双方当事人的权利义务及责任。保险单记载的内容是合同双方履行的依据，保险单是保险合同成立的证明。

保险单必须明确、完整地记载有关保险双方的权利义务，保险单根据保险投保单缮制，主要内容包括：

1. 声明事项。即将投保人提供的重要资料列载于保险合同之内，作为保险人承保危险的依据。如被保险人的姓名与地址，保险标的名称、坐落地点，保险金额，保险期限，已缴保费数额，被保险人对有关危险所作的保证或承诺事项。

2. 除外事项。即将保险人的责任加以适当地修改或限制，保险人对除外不保的危险所引起的损失，不负赔偿责任。

3. 条件事项。即合同双方当事人为享受权利所需履行的义务，如事故发生后被保险人的责任，申请索赔的时效，代位求偿权的行使，保单内容的变更、转让、取消，以及赔偿选择等。

4. 其他事项。如解决争议的条款、时效条款等。

 小结

通过本项目学习，掌握不同保险制度的险别设计及各险种保险范围的不同，并熟练选择所交易商品应当投保的最佳险种和保险金额。

? 思考

1. 保险金额和保险费有什么区别和联系？

2. 保险费计算时应注意什么问题？

实验项目九 出口报关

本章导读

　　学生需了解报关在国际贸易中的作用，弄清楚在信用证交易下，外贸报关和信用证之间的关系。并复习报关的基本流程，了解各流程之间的关系。

[实训内容]

1. 出口商申领并填制出口收汇核销单，向外汇管理局办理出口收汇核销备案。

2. 出口商填制出口货物报关单。

3. 出口商准备相关单据并向海关办理出口报关手续。

[实训目的]

1. 了解办理报关的流程。

2. 学会制作出口收汇核销单与出口货物报关单。

[实训步骤]

一、申领核销单

1. 以出口商身份登录，点"Business（业务中心）"，再点标志为"外管局"的建筑物；

2. 选择"申领核销单"，从外管局取得"出口收汇核销单"；

3. 到"单据列表"中进行填写；

4. 填写完成后点"保存"；

5. 回到业务画面中，点"检查合同"，确认合同填写无误。

二、备案

回到"Business（业务中心）"页面，点标志为"海关"的建筑物，再点"备案"，凭填好的出口收汇核销单办理备案。

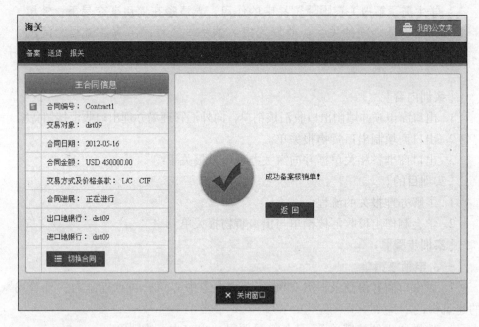

三、送货

点"送货"，将货物送到海关指定地点。

四、报关

1. 添加"出口货物报关单"进行填写（注：填制说明见［知识链接］出口货物报关单的填制说明，表单样本请参考附录中的附表）；

2. 填写完成后点"检查"，确认通过；

3. 回到"Business（业务中心）"页面，点标志为"海关"的建筑物，再点"报关"；

4. 选择单据"商业发票"、"装箱单"、"出境货物通关单"（不需出口检验的商品可免附）、"出口收汇核销单"、"出口货物报关单"，点"报关"；

5. 完成报关的同时，货物自动装船出运。

[知识链接]

出口收汇核销单填制规范

一、出口单位

1. 填制规范：填写出口商的中文名称。

2. 注意事项：在 SimTrade 中，出口商的名称三联都要填写。

二、单位代码

1. 填制规范：填写进出口企业在主管海关办理注册登记手续时，海关给企业设置的注册登记编码。

2. 注意事项：在 SimTrade 中，填写出口商"Profile（资料）"中系统自动分配的"单位代码"，三联都要填写。

三、币种总价

1. 填制规范：填写交易结算的币种及总价。

2. 注意事项：在 SimTrade 中，应与信用证（合同）的相关内容保持一致。

四、收汇方式

1. 填制规范：填写货物交易的收汇方式。

2. 注意事项：在 SimTrade 中，有 L/C、D/P、D/A 和 T/T 四种收汇方式，应与信用证（合同）的收汇方式一致。

五、预计收款日期

1. 填制规范：填写预计收款的日期。

2. 注意事项：在 SimTrade 中，根据不同的收汇方式，计算收汇的大概日期。日期采用年/月/日 8 位数字的填报方式，如"2012 – 04 – 28"。

六、报关日期

1. 填制规范：填写货物报关的日期。

2. 注意事项：在 SimTrade 中，日期采用年/月/日的 8 位数字的填报方式。

七、货物序列号

1. 填制规范：填写货物序号。

2. 注意事项：在 SimTrade 中，按顺序写明"1、2、3……"。

八、货物名称

1. 填制规范：填写货物所属类别名称。

2. 注意事项：在 SimTrade 中，可在"淘金网"商品详细资料中查到。

3. 填写示例：

如滚筒洗衣机属于"电器"类，此栏目则填写"电器"。

九、数量

1. 填制规范：填写货物销售总数量及单位。

2. 注意事项：在 SimTrade 中，须与合同一致，如"40SET"。

出口报关单填制规范

一、预录入编号

1. 填制规范：填写预录入报关单的编号，由接受申报的海关决定编号规则，计算机自动打印。

2. 注意事项：在 SimTrade 中，一般不填。

二、海关编号

1. 填制规范：填写海关接受申报时给予报关单的编号。

2. 注意事项：在 SimTrade 中，一般不填。

三、出口口岸

1. 填制规范：填写实际出我国关境口岸海关的名称。

2. 注意事项：在 SimTrade 中，填写装运港所在关区的名称，与信用证（合同）的装运港保持一致。

3. 填写示例：

如装运港名称为上海，填写"上海海关"。

 小贴士

实际业务中，该栏目应根据货物实际进出关境的口岸海关填报《关区代码表》中相应的口岸海关名称及代码。例如：吴淞海关 2202。

四、备案号

1. 填制规范：填写出口货物发货人在海关办理的备案文件的编号，如加工贸易电子化手册编号、征免税证明编号等。

2. 注意事项：在 SimTrade 中，只模拟一般贸易，无备案审批文件，因此本栏不填。

五、出口日期

1. 填制规范：填写运载所申报货物的运输工具，办结出境手续的日期。

2. 注意事项：在 SimTrade 中，需与相应的运输工具预计出境的日期一致，采用年/月/日 8 位的填报方式，如"2014 - 12 - 12"。

六、申报日期

1. 填制规范：填写海关接受报关企业申请的日期。

2. 注意事项：在 SimTrade 中，应在出口日期之前，采用年/月/日 8 位的填报方式，如"2014 - 12 - 09"。

七、经营单位

1. 填制规范：填写经营单位中文名称及经营单位海关代码。

2. 注意事项：在 SimTrade 中，填写出口商的中文名称及单位代码，相关资料在出口商"Profile（资料）"中查找。

3. 填写示例：

国商电器进出口公司

0000000817

八、运输方式

1. 填制规范：填写货物运输的实际运输方式。

2. 注意事项：在 SimTrade 中，只模拟海洋运输，因此统一填写为"江海运输"或其在运输方式代码表中的代码"2"。

 小贴士

有兴趣的同学可以上海关总署的网站查询运输方式代码表及其说明，网址为：http：//www. customs. gov. cn，路径为：海关总署网站—信息查询—通关参数查询—运输方式代码表。

九、运输工具名称

1. 填制规范：填写载运货物进出境的运输工具的名称或运输工具编号，格式为："船名" +"/" +"航次号"，如："Volendam/ DY100 -07"。

2. 注意事项：在 Simtrade 中，船名及航次号在订舱后从船公司生成的配舱通知中可以找到。

3. 填写示例：

Maasdam/DY105 -04

十、提运单号

1. 填制规范：填写出口货物提单或运单的编号。

2. 注意事项：在 SimTrade 中，出口商尚未拿到提单，一般不填。

十一、发货单位

1. 填制规范：填写发货单位的中文名称及其海关注册编码。

2. 注意事项：在 SimTrade 中，该栏目与经营单位填写内容一致。

十二、贸易方式

1. 填制规范：应根据实际情况，并按海关规定的《监管（贸易）方式代码表》选择填报相应的贸易方式简称或代码。

2. 注意事项：在 SimTrade 中，只模拟一般贸易。统一填写为"一般贸易"，或填写《监管（贸易）方式代码表》中对应的代码"0110"。

 小贴士

有兴趣的同学可以上海关总署的网站查询贸易方式代码表，网址为：http://www. customs. gov. cn，路径为：海关总署网站—信息查询—通关参数查询—监管方式代码表。

十三、征免性质

1. 填制规范：填写海关对进出口货物实施征、减、免税管理的性质类别。

2. 注意事项：在 SimTrade 中，统一填写为"一般征税"，或《征免性质代码表》中对应的代码"101"。有兴趣的同学可以上海关总署的网站查询征免性质代码表。

十四、结汇方式

1. 填制规范：填写出口货物的发货人或其代理人收结外汇的方式。

2. 注意事项：在 SimTrade 中，应按海关规定的《结汇方式代码表》选择填报相应的结汇方式名称或代码。有四种填报方式，分别为：T/T 或代码"1"；D/P 或代码"4"；D/A 或代码"5"；L/C 或代码"6"。有兴趣的同学可以上海关总署的网站查询结汇方式代码表。

十五、许可证号

1. 填制规范：应申领进口许可证的货物，填写进口货物许可证的编号，不得为空。

2. 注意事项：在 SimTrade 中，一般不填。

十六、运抵国（地区）

1. 填制规范：填写出口货物离开我国关境直接运抵或者在运输中转国未发生任何商业性交易的情况下最后运抵的国家地区。

2. 注意事项：在 Simtrade 中，填写进口国中文名称。

十七、指运港

1. 填制规范：填写出口货物运往境外的最终目的港；最终目的港不可预知的，可按尽可能预知的目的港填报。

2. 注意事项：在 Simtrade 中，须填写目的港中文名称，可在淘金网"运费查询"页查询，须与信用证（合同）保持一致。

十八、境内货源地

1. 填制规范：填写出口货物在国内的产地或原始发货地。

2. 注意事项：在 Simtrade 中，填写国内工厂所在城市即可，也可以不填。

十九、批准文号

1. 填制规范：填写出口收汇核销单编号。

2. 注意事项：在 Simtrade 中，与出口收汇核销单保持一致。

二十、成交方式

1. 填制规范：根据实际成交价格条款按海关规定的《成交方式代码表》选择填写填报相应的成交方式或代码。无实际进境的，填报 CIF 价。

2. 注意事项：在 Simtrade 中，有三种成交方式可用，分别为：CIF 或"1"；CFR 或"2"；FOB 或"3"。

小贴士

成交方式与贸易术语内涵并非一致，具体关系如下：

贸易术语与报关单"成交方式"对应关系

术语	EXW	FCA	FAS	FOB	CFR	CPT
成交方式	FOB				CFR	
术语	CIF	CIP	DAT	DAP	DDP	
成交方式	CIF					

二十一、运费

1. 填制规范：成交价格中含有运费的出口货物，应填报该份报关单所含全部货物的国际运输费用。可按运费单价、总价或运费率三种方式之一填报。

2. 注意事项：在 SimTrade 中，统一以运费总价填报，填写格式为：币种＋金额，如：［USD］［3174］。具体金额请参考配舱通知。

二十二、保费

1. 填制规范：成交价格中含有保险费的出口货物，应填报该份报关单所含全部货物国际运输的保险费用。可按保险费总价或保险费率两种方式之一填报。

2. 注意事项：在 SimTrade 中，本栏统一以保险费总价填报，填写格式为：币种＋金额，如［USD］［316.8］。

 小贴士

成交方式、运费和保费三个栏目之间存在联系，具体如下：

成交方式	运费栏	保费栏
FOB	不填	不填
CFR	填	不填
CIF	填	填

二十三、杂费

1. 填制规范：填写成交价格以外的、应计入完税价格或应从完税价格中扣除的费用，如手续费、佣金、回扣等，可按杂费总价或杂费率两种方式之一填报。

2. 注意事项：在 SimTrade 中，一般不填。

 小贴士

实际业务中，运费、保费和杂费的填报方式如下：

项目	率（代码"1"）	单价（代码"2"）	总价（代码"3"）
运费	费率为 5%，填写"5"	USD50/吨，填写"502/50/2"	HKD5000，填写"110/5000/3"
保费	费率为 0.5%，填写"0.5"	——	EUR5000，填写"300/5000/3"
杂费	计入费率为 1%，填写"1"	——	GBP5000，填写"303/5000/3"
杂费	扣除费率为 1%，填写"–1"	——	JPY5000，填写"116/ –5000/3"

二十四、合同协议号

1. 填制规范：填写进出口货物合同的号码。

2. 注意事项：在 SimTrade 中，可参考查看单据列表。

二十五、件数

1. 填制规范：填写有外包装货物总件数。

2. 注意事项：在 SimTrade 中，填入包装总件数，应与装箱单一致。

二十六、包装种类

1. 填制规范：填写进出口货物的实际外包装种类，按海关规定的《包装种类代码表》选择填报相应的包装种类。

2. 注意事项：在 SimTrade 中，填写商品的包装单位，可参看"淘金网"里"商品基本资料"。

二十七、毛重（公斤）

1. 填制规范：填写货物及其包装材料的总重量。

2. 注意事项：在 SimTrade 中，由于该栏默认单位是公斤，因此只需填写数值即可，应与装箱单一致。

二十八、净重（公斤）

1. 填制规范：填写货物的毛重减去外包装材料后的重量，即商品本身的实际重量。

2. 注意事项：在 SimTrade 中，由于该栏默认单位是公斤，因此只需填写数值即可，应与装箱单一致。

二十九、集装箱号

1. 填制规范：填写集装箱箱体两侧标示的编号，填制规范是"集装箱号" + "/" + "规格" + "/" + "自重"，如"TEXU3605231/20/2376"。

2. 注意事项：在 SimTrade 中，一般可不填。

三十、随附单据

1. 填制规范：填写随出口货物报关单一并向海关递交的监管单证，不包括合同、发票、装箱单、进出口许可证。

2. 注意事项：在 SimTrade 中，一般只填写出境货物通关单，填制规范是：监管证件代码 + "：" +监管证件编号。

3. 填写示例：

B：STEPP002198

三十一、生产厂家

1. 填制规范：填写出口货物的境内生产企业。

2. 注意事项：在 SimTrade 中，填写国内工厂名称，也可不填。

三十二、标记唛码及备注

1. 填制规范：填写进出口货物运输标志及一些需要说明的情况。

2. 注意事项：在 SimTrade 中，只填写运输标志，要与合同 "Shipping Mark" 内容一致。

三十三、项号

1. 填制规范：填写报关单中的商品排列序号及该项商品在备案单证中的顺序编号。

2. 注意事项：在 SimTrade 中，依序填写商品项目即可，如商品有多项，则分行列出，如 "1、2、3……"。

三十四、商品编号

1. 填制规范：填写商品的海关编码，即 H. S. 编码。

2. 注意事项：在 SimTrade 中填商品基本资料中 "海关代码"。

三十五、商品名称、规格型号

1. 填制规范：填写商品规范的中文名称及规格型号，必要时可加注原文。

2. 注意事项：在 SimTrade 中，分两行填报：第一行填写 "中文名称"；第二行填写 "中文描述"。在 "商品基本资料" 中查找。

3. 填写示例：

滚筒洗衣机

机型：滚筒洗衣机，自动化程度：全自动，转速：1200 转/分

三十六、数量及单位

1. 填制规范：填写出口货物的实际销售数量及计量单位。

2. 注意事项：在 SimTrade 中，商品销售数量应与合同一致。

三十七、最终目的国（地区）

1. 填制规范：填写出口货物的最终实际消费、使用或进一步加工制造的国家（地区）。应按海关规定的《国别（地区）代码表》选择填报相应的国家（地区）名称或代码。

2. 注意事项：在 SimTrade 中，填写进口商所在国家的中文名称，其中文名称可在淘金网 "运费查询" 页查询。

三十八、单价

1. 填制规范：填写出口货物实际成交的商品的单位价格。

2. 注意事项：在 SimTrade 中，商品单位价格应与合同一致。

三十九、总价

1. 填制规范：填写出口货物实际成交的商品总价。

2. 注意事项：在 SimTrade 中，商品总价应与合同一致。

四十、币制

1. 填制规范：填写出口货物实际成交价格的币种。

2. 注意事项：在 SimTrade 中，币制应与合同保持一致。

四十一、征免

1. 填制规范：填写海关对出口货物进行征税、减税、免税或特案处理的实际操作方式，填报相应的征减免税方式的名称。

2. 注意事项：在 SimTrade 中，货物通常都适用于照章征税，因此填写"照章征税"。

小贴士

征减免税方式代码表

代码	名称	代码	名称
1	照章征税	6	保证金
2	折半征税	7	保函
3	全免	8	折半补税
4	特案	9	全额退税
5	随征免性质		

四十二、税费征收情况

1. 填制规范：填写海关批注出口货物税费征收及减免情况。

2. 注意事项：在 SimTrade 中，一般不填。

四十三、报关员

1. 填制规范：填写报关人员的姓名。

2. 注意事项：在 SimTrade 中，填写出口商法人的姓名即可。

四十四、申报单位及单位地址、邮编、电话

1. 填制规范：填写报关单的申报单位名称及相关信息。

2. 注意事项：在 SimTrade 中，填写出口商的相关信息。

四十五、制单日期

1. 填制规范：填写报关单的填制日期。

2. 注意事项：在 SimTrade 中，制单日期不得早于申报日期，采用年/月/日 8 位数字的填报方式。

四十六、海关审单批注及放行日期（签章）

1. 填制规范：由海关关员手工填写在预录入报关单上。

2. 注意事项：在 SimTrade 中，一般不填。

[知识指南]

一、报关的含义

货物或运输工具进出境时，其收发货人或其代理人必须按规定将货物送进海关指定的集装箱场、集装箱集散站或码头仓库，向进出境口岸海关请求申报，交验规定的证件和单据，接受海关人员对其所报货物和运输工具的查验，依法缴纳海关关税和其他由海关代征的税款，然后才能由海关批准货物和运输工具的放行。放行后，出口人方可办理货物出口装船或提取货物的事宜，这个过程我们称之为报关。

严格地讲，报关是指进出境运输工具负责人、进出境口货物收发货人、进出境物品的所有人或者他们的代理人向海关办理运输工具、货物、物品进出境手续及相关手续的全过程。其中，进出境运输工具负责人、进出口货物收发货人、进出境物品的所有人或者他们的代理人是报关行为的实施者，是报关的主体。报关的对象是进出境运输工具、货物和物品。报关的内容则是办理运输工具、货物和物品的进出境手续及相关海关手续。

在进出境活动中，我们还经常使用"通关"这一概念。通关与报关既有联系又有区别。两者都是对运输工具、货物、物品的进出境而言的，但报关是从海关管理相对人的角度，仅指向海关办理进出境手续及相关手续；而通关不仅包括海关管理相对人向海关办理有关手续，还包括海关对进出境运输工具、货物、物品依法进行监督管理，批准其进出境的管理过程。

二、出口报关流程

货物报关程序，就出口而言，可分为申报、查验货物、缴纳税费、放行装运四个步骤。具体如下：

（一）申报

申报是指进出境运输工具的负责人、进出口货物和物品的收发货人和所有人或者他们的代理人，在进出口货物通过海关监管的口岸时，在海关规定的期限内，以书面或者电子数据交换（EDI）方式向海关报告其进出口货物的情况，并随附有关货运和商业单据，申请海关审查放行，并对所报告内容的真实性、准确性承担法律责任的行为。出口货物在出境时，其发货人应在装货的 24 小时以前向海关申报。具体地说，一般在出口货物运到码头、车站、机场、邮局等仓库、场地后，在海关规定的 24 小时以前向海关申报。申报内容包括进出口货物的经营单位、收发货单位、申报单位、运输方式、贸易方式、贸易国别以及货物的实际状况。

（二）查验货物

查验货物即验关，是指海关在接受报关单位的报关员的申报后，依法为确定进出境货物、运输工具和物品的性质、原产地、货物状况、数量和价值是否与报关单上已填报的内容相符，对货物实施检查的行政执法行为。通过对货物的查验可防止以次充好、非法进出口、走私、违规逃漏关税，保证关税依率计征，维护对外贸易的正常开展。进出口的货物，除因特殊原因经海关总署特准免验的以外，均应接受海关的查验。查验进出口货物，应当在海关规定的时间和场所进行，一般在海关监管区的进出口岸码头、车站、机场、邮局或海关的其他监管场所。对进出口的大宗散货、危险品、鲜活品，经申请可在作业现场予以查验。在特殊情况下，经申请，海关审核同意的，也可派员按规定的时间到规定场所以外的工厂、仓库或施工工地查验货物，并按规定收取规费。

（三）缴纳税费

纳税义务人应当在海关填具税款缴纳证后的规定时间内（15 天）向指定银行缴纳税款，逾期缴纳的，除依法追缴外，由海关按规定收取滞纳金。出口关税是海关根据国家的有关政策、法规对出口货物征收的税费，其主要目的是控制一些商品的盲目出口。在我国，目前除少数商品外，大部分货物出口是免征关税的。

（四）放行装运

放行是海关接受出口货物的申报，经过审核报关单据、查验货物、依法征收税费后，对出口货物作出结束海关现场监管决定的行为。对于一般出口货物，在发货人或其代理人如实向海关申报，并如数缴纳应缴税款和有关规费后，海关在货物的出口货运单据或特制的放行条上签盖"海关放行章"，出口货物的发货人凭此装船启运出境。对需出口退税的货物，出口货物的发货人应在向海关申报出口时，增附一份浅黄色的出口退税专用报关单。海关放行后，在该报关单上加盖"验讫章"，退回报关单位，用以送交税务机关办理退税。海关放行后，出口商即可办理货物装运。

小结

学习本项目后，熟练掌握信用证交易下外贸报关和信用证之间的关系，并熟练掌握报关的基本流程以及各流程之间的关系。

思考

1. 如何选择报关产品的品目代码？
2. 如何正确填写出口收汇核销单和装箱单？

实验项目十 装船出运

> **本章导读**
>
> 学生需了解装船出运流程及装船通知的重要作用，并复习 CIF 术语下出口商和进口商的权利和义务。

[实训内容]

1. 出口商：取回提单，填写装船通知，将装船通知发送给出口商。
2. 进口商：接收并查看装船通知。

[实训目的]

1. 学会制作装船通知（Shipping Advice）。
2. 熟练掌握装船出运相关流程。

[实训步骤]

一、出口商操作

1. 取回提单。以出口商身份登录，点"Business（业务中心）"，再点标志为"船公司"的建筑物，点"取回提单"，将提单取回。

2. 发送装船通知。

（1）添加"Shipping Advice"进行填写（<u>表单样本请参考附录中的附表16</u>）；

（2）填写完成后点"检查"，确认通过；

（3）回到"Business（业务中心）"，再点标志为"船公司"的建筑物；

（4）点"发送装船通知"，将装船通知发送给进口商。

二、进口商操作

1. 以进口商身份登录，收取装船通知已发送的通知邮件；

2. 点"Business（业务中心）"，再点标志为"出口商"的建筑物，点"查看单据列表"，可查看"Shipping Advice"的内容。

［知识链接］

装运通知填制规范

一、Messrs

1. 填制规范：填写通知对象（即进口商）的英文名称及地址。

2. 注意事项：在 SimTrade 中，进口商的英文名称和地址需分两行填写：第一行填写名称；第二行填写地址。进口商的详细资料可在淘金网的"公司库"里查询。

3. 填写示例：

APPLE ELECTRIC TRADING CO., LTD.

785 Ygnacio Valley Rd, Walnut Creek, California, United States

二、Invoice No.（发票号码）

1. 填制规范：填写出口业务的商业发票号码。

2. 注意事项：在 SimTrade 中，发票号码在单据列表中可以找到。

三、Date（日期）

1. 填制规范：填写装船通知的发出日期。

2. 注意事项：在 SimTrade 中，采用年/月/日 8 位数字的填报方式，日期不得早于报关日期，如"2012 – 12 – 09"。

四、L/C No.（信用证号码）

1. 填制规范：填写出口业务对应的信用证号码。

2. 注意事项：在 SimTrade 中，信用证号码在单据列表中可以找到。

五、Purchase order No.（销货合同号码）

1. 填制规范：填写出口业务对应的销货合同号码。

2. 注意事项：在 SimTrade 中，销货合同号码在单据列表中可以找到。

六、Vessel（船名）

1. 填制规范：填写装运船名与航次。

2. 注意事项：在 SimTrade 中，船名与航次最好同时填上，船名与航次空开一格。船名与航次参考配舱通知。

3. 填写示例：

Maasdam/DY105 – 04

七、Port of Loading（装运港）

1. 填制规范：填写起运港的英文名称。

2. 注意事项：在 SimTrade 中，起运港名称须与 B/L 一致，如"SHANGHAI"。

八、Port of Discharge（目的港）

1. 填制规范：填写出口业务目的港的名称。

2. 注意事项：在 SimTrade 中，填写目的港的英文名称，目的港名称须与 B/L 一致，如"NEW YORK"。

九、On Board Date（装船日期）

1. 填制规范：填写货物装船的日期。

2. 注意事项：在 SimTrade 中，采用年/月/日 8 位数字的填报方式，装船日期参考配舱回单，如"2012 – 12 – 12"。

十、Estimated Time of Arrival（预定抵埠日期）

1. 填制规范：填写货物预定抵达目的港的日期。

2. 注意事项：在 SimTrade 中，采用年/月/日 8 位数字的填报方式，预定抵埠日期须参考航程距离。

十一、Container（集装箱）

1. 填制规范：填写集装箱的个数及种类。

2. 注意事项：在 SimTrade 中，集装箱的个数及种类参考配舱通知，如"20'X 1"。

十二、Freight（运费）

1. 填制规范：填写海运费总金额。

2. 注意事项：在 SimTrade 中，海运费总金额参考配舱通知，如"USD 3174"。

十三、Description of Goods（货物描述）

1. 填制规范：填写出口货物的英文名称及规格。

2. 注意事项：在 SimTrade 中，名称和规格需分两行填写：第一行填写名称，第二行填写规格。在 SimTrade 中，名称和规格必须与"商品基本资料"一致。

十四、Quantity（货物数量）

1. 填制规范：填写交易的销售数量。

2. 注意事项：在 SimTrade 中，销售数量须与商业发票保持一致，如 40SET。

十五、Invoice Total Amount（发票总金额）

1. 填制规范：填写货物总价。

2. 注意事项：在 SimTrade 中，总价须与商业发票保持一致，如"USD 36000"。

十六、Documents enclosed（随附单据）

1. 填制规范：填写随装运通知附上或另行寄上的货运单据（押汇单证）的名称及份数。

2. 注意事项：在 SimTrade 中，随附单据的名称已经列出，仅仅填写份数即可。

3. 填写示例：

Commercial Invoice（商业发票）：2

Packing List（装箱单）：1

Bill of Lading（提单）：1

Insurance Policy（保单）：1

十七、下方空白栏

1. 填制规范：如有其他单据随附，填写于该栏。

2. 注意事项：在 SimTrade 中，一般不填。

十八、右下方空白栏和负责人签字栏

1. 填制规范：填写出口商公司英文名称和法人英文姓名。

2. 注意事项：在 SimTrade 中，出口商英文名称和法人英文姓名应与出口商"Profile（资料）"中一致。

[知识指南]

一、装运通知的概念

装运通知也叫装船通知，主要指的是出口商在货物装船后发给进口商的包括货物详细装运情况的通知。其目的在于让进口商做好筹措资金、付款和接货的准备，在成交条件为 FOB/FCA、CFR/CPT 时方便进口商办理货物保险手续。在货物装运后，按照国际贸易的习惯做法，出口商应立即（一般在装船后 3 天内）发送装运通知给进口商或其指定的人，如果出口商未及时发送装运通知给进口商而使其不能及时办理保险或接货的，发货人就应负责赔偿进口商由此而引起的一切损失。装运通知大多以电报方式发送，个别情况也有用航邮方式的。装运通知以英文制作，无统一格式，但内容一定要符合信用证的规定，一般只提供一份。

二、海运提单的概念

海运提单（Ocean Bill of Lading），是承运人收到货物后出具的货物收据，也是承运人所签署的运输契约的证明，提单还代表所载货物的所有权，是一种具有物权特性的凭证。其具有以下特征：

1. 货物收据。提单是承运人签发给托运人的收据，确认承运人已收到提单所列货物并已装船，或者承运人已接管了货物，正待装船。

2. 运输契约证明。承运人之所以为托运人承运有关货物，是因为承运人和托运人之间存在一定的权利义务关系，双方以提单作为运输契约的凭证。

3. 货权凭证。提单是货物所有权的凭证，谁持有提单，谁就有权要求承运人交付货物，并且享有占有和处理货物的权利。

 小结

通过本项目学习后，能熟练掌握装船出运流程及装船通知的填制，并了解 CIF 术语下出口商和进口商的权利和义务。

思考

1. 装运通知为什么在 CFR 术语成交时显得尤为重要？

2. 装运通知和货物特定化有什么关系？它和风险转移有什么关系？

实验项目十一 结 汇

本章导读

学生需了解一般产地证与普惠制产地证的区别，并复习回顾国际贸易买卖中货款的结算方式和不同货款结算方式的运用技巧。

[实训内容]

1. 出口商：申领并填制原产地证书，填制汇票并准备结汇单据向出口地银行押汇，结收货款。

2. 出口地银行：议付货款，将单据送进口地银行。

3. 进口地银行：审核单据并送进口商要求付款。

4. 进口商：付款，取回单据。

[实训目的]

1. 掌握原产地证书的申领和填制。

2. 掌握汇票的填制。

3. 熟悉和掌握各种结汇方式的结算流程。

[实训步骤]

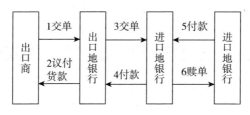

一、出口商操作

1. 出口押汇。

（1）在"添加单据"中添加"汇票"后进入"单据列表"中进行填写（注：填制说明见［知识指南］汇票的填制规范，表单样本请参考附录中的附表19）；

（2）填写完成后点"检查"，确认通过；

（3）回到"Business（业务中心）"，点"出口地银行"，选择"押汇"业务；

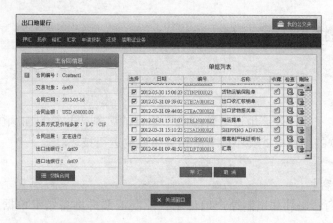

（4）选中单据"商业发票"、"装箱单"、"一般产地证明书"、"货物运输保险单"（CIF条件时）、"海运提单"、"汇票"前的复选框，点"押汇"，完成押汇手续的办理。等待出口地银行议付货款。

 小贴士

信用证结汇时，出口商向出口地银行交单议付（押汇）时提交的单据应当与信用证"46A：DOCUMENTS REQUIRED"项列出的单据保持一致。

2. 结收货款。

（1）收到出口地银行发来的可以结汇的通知邮件；

（2）点"Business（业务中心）"，再点标志为"出口地银行"的建筑物；

（3）点"结汇"，结收货款，同时银行签发"出口收汇核销专用联"，用以出口核销。

二、出口地银行操作

1. 以出口地银行身份登录，收到单据已到达的通知邮件；

2. 点"Bill（结汇单据）"，选中合同 Contract00057002 前的单选钮，然后分别点"检查单据"；

3. 如检查无误，再点"送进口地银行"，系统自动议付货款，同时向出口商发出可以结汇的通知邮件。

三、进口地银行操作

1. 以进口地银行身份登录，收取单据已到达的通知邮件；

2. 点"Bill（结汇单据）"，选中合同 Contract00057002 前的单选钮，然后分别点"检查单据"；

3. 如单据检查无误，再点"发送进口商"。

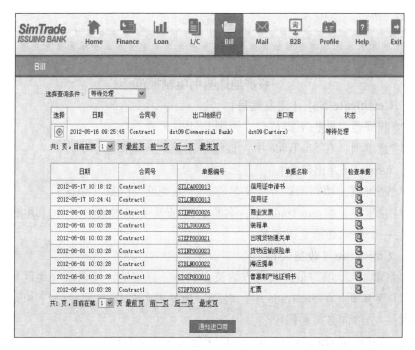

四、进口商操作

1. 以进口商身份登录，收到单据到达的通知邮件；

2. 点"Business（业务中心）"，再点标志为"进口地银行"的建筑物；

3. 点"付款",支付货款;

4. 再点"付款"旁边的"取回单据",领取相关货运单据。

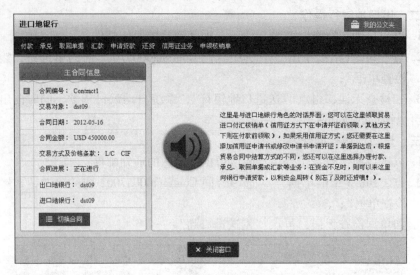

[知识链接]

一般产地证明书填制规范

一、Certificate No.（证书编号）

1. 填制规范：此栏不得留空，否则此证书无效。

2. 注意事项：在 SimTrade 中，该编号由系统自动产生。

二、Exporter（出口方）

1. 填制规范：填写出口方英文名称、详细地址及国家（地区）。

2. 注意事项：在 SimTrade 中，名称、地址及所属国家最好分行填报，本栏目的最后一个单词必须是国家名。

三、Consignee（收货人）

1. 填制规范：填写最终收货方的英文名称、详细地址及国家（地区）。

2. 注意事项：在 SimTrade 中，名称、地址及所属国家最好分行填报，本栏目的最后一个单词必须是国家名。

四、Means of transport and route（运输方式和路线）

1. 填制规范：填写运输方式（海运、空运等）、起运港和目的地及装运时间，如需中途转运，也应注明。

2. 注意事项：在 SimTrade 中，应注意与提单等其他单据保持一致。

3. 填写示例：

From SHANGHAI to NEW YORK on DEC. 12，2014 By Vessel.

五、Country/region of destination［目的地国（地区）］

1. 填制规范：填写货物最终运抵目的地的国家、地区或港口，不能填写中间商国别。

2. 注意事项：在 SimTrade 中，填写进口商所在国家的英文名称。

六、For certifying authority use only（仅供签证机构使用）

1. 填制规范：为签证机构使用栏，由签证机构根据需要在此加注。如证书更改、证书丢失、重新补发、声明×××号证书作废等内容。正常情况下，出口公司应将此栏留空。

2. 注意事项：在 SimTrade 中，不填。

七、Marks and numbers（唛头及号码）

1. 填制规范：填写货物的运输标志，如无运输标志，要填"No Mark"或"N/M"。

2. 注意事项：在 SimTrade 中，应与合同中的"Shipping Mark"栏保持一致。

八、Number and kind of packages，Description of goods（包装种类和件数、货物描述）

1. 填制规范：填写商品的包装数量、包装种类及商品名称与描述。

2. 注意事项：在 SimTrade 中，填制规范为：包装数量 + 包装单位 +（数字大写）+ "OF" + 货物品名 + 货物描述，其中包装种类和件数、货物描述最好分行填报。

3. 填写示例：

40 CARTONS（FORTY CARTONS ONLY）OF PLATEN WASHING MACHINE

TYPE：PLATEN WASHING MACHINE，AUTOMATION DEGREE：THE FULLY AUTOMATIC，SPEED：1200 RPM.

九、H. S. Code（海关协调制度编码）

1. 填制规范：填写商品的 H. S. 编码。

2. 注意事项：在 SimTrade 中，填写"商品详细资料"中的海关代码。

十、Quantity（数量）

1. 填制规范：填写计算单价时使用的数量和计量单位。

2. 注意事项：在 SimTrade 中，填写销售数量和单位，应与合同保持一致。

十一、Number and date of invoice（发票号和发票日期）

1. 填制规范：填写商业发票的号码与出票日期。

2. 注意事项：在 SimTrade 中，发票号和发票日期分行填报，须与商业发票内容保持一致，为避免月份、日期的误解，月份最好用英文简写或全称表示。

3. 填写示例：

STINV002356

DEC. 02，2014

十二、SAY TOTAL（大写）

1. 填制规范：填写商品包装数量的英文大写。

2. 注意事项：在 SimTrade 中，应与装箱单保持一致。

3. 填写示例：

FORTY CARTONS ONLY.

十三、Declaration by the exporter（出口方声明）

1. 填制规范：此栏为出口方声明、签字盖章栏。

2. 注意事项：在 SimTrade 中，仅需填写申报地点和日期，其申报日期不得早于发票日期和申请日期。

3. 填写示例：

SHANGHAI，2014 – 12 – 11

十四、Certification（签证机构证明）

1. 填制规范：所申请的证书，经签证机构审核人员审核无误后，由授权的签证人在此栏手签姓名并加盖签证机构印章，注明签署地点、日期。

2. 注意事项：在 SimTrade 中，不填。

普惠制产地证明书填制规范

一、Goods consigned from...（Exporter's business name，address，country）〔发货人（出口商名称、地址、国家）〕

1. 填制规范：填写出口商的英文名称、英文地址及所属国家。

2. 注意事项：在 SimTrade 中，名称、地址及所属国家最好分行填报，本栏目的最后一个单词必须是国家名。

二、Goods consigned to...（Consignee's name，address，country）〔收货人（收货人名称、地址、国别）〕

1. 填制规范：填写实际给惠国的最终目的地收货人名址、国别。

2. 注意事项：在 SimTrade 中，填写进口商的英文名称、英文地址及所属国家，名称、地址及所属国家最好分行填报，本栏目的最后一个单词必须是国家名。

小贴士

1. 信用证无其他规定时，收货人一般是开证申请人。

2. 若信用证申请人不是实际收货人，而又无法明确实际收货人时，以提单的被通知人作为收货人。

3. 如果进口国为欧共体成员国，本栏可以留空或填"To be ordered"。另外，日本、挪威、瑞典的进口商要求签发"临时"证书时，签证当局在此栏加盖"临时（PROVISIONAL）"红色印章。

三、**Means of transport and route（as far as known）**［运输方式和路线（据目前所知）］

1. 填制规范：填写运输方式（海运、空运等）、起运港和目的地及装运时间，如需中途转运，也应注明。

2. 注意事项：在 SimTrade 中，应注意与提单等其他单据保持一致。

3. 填写示例：

From SHANGHAI to NEW YORK on DEC. 12, 2014 By Vessel.

四、**For official use（供官方使用）**

1. 填制规范：由进出口检验机构填写。正常情况下，出口商应将此栏留空。

2. 注意事项：在 SimTrade 中，不填。

五、**Item number（项目编号）**

1. 填制规范：填写商品序号，有几项则填几项。

2. 注意事项：在 SimTrade 中，即使只有单项商品，仍要列明序号"1"；如商品有多项，则须按"1、2、3…"分行列出。

六、**Marks and numbers of packages（唛头及包装号码）**

1. 填制规范：填写唛头内容，如没有唛头，也应注明"N/M"，不得留空。当内容过长，可占用其他栏或另加附页，只需打上原证号，并由签证机关授权人员手签和加盖签证章。

2. 注意事项：在 SimTrade 中，应与合同中的"Shipping Mark"栏保持一致。

七、**Number and kind of packages, description of goods（包装种类和件数、货物描述）**

1. 填制规范：填写商品的包装数量、包装种类及商品名称与描述。

2. 注意事项：在 SimTrade 中，填制规范为：包装数量＋包装单位＋（数字大写）＋"OF"＋货物品名＋货物描述，其中包装种类和件数、货物描述最好分行填报。

3. 填写示例：

40 CARTONS（FORTY CARTONS ONLY）OF PLATEN WASHING MACHINE TYPE：PLATEN WASHING MACHINE，AUTOMATION DEGREE：THE FULLY AUTOMATIC，SPEED：1200 RPM。

八、Origin criterion（see Notes overleaf）〔原产地标准（参阅背页附注）〕

1. 填制规范：填写货物原料的成分比例。

2. 注意事项：在 SimTrade 中，货物都属完全自产的，无进口成分，此栏填"P"，需要注意的是，填写时须加引号。

小贴士

此栏用字最少，但却是国外海关审证的核心项目。对含有进口成分的商品，因情况复杂，国外要求严格，极易弄错而造成退证，故应认真审核。一般规定说明如下：

1. "P"：完全自产，无进口成分的，使用"P"。

2. "W"：含有进口成分但符合原产地标准的，填"W"。

3. "F"：对加拿大出口时，含进口成分占产品出厂价40%以内者，都使用"F"。

4. 空白：出口到澳州、新西兰的货物，此栏可不填。

5. "Y"：发往俄罗斯、白俄罗斯、乌克兰、哈萨克斯坦、捷克、斯洛伐克时，都填写"Y"，并在字母下面标上百分比（占产品离岸价格的50%以下）。

九、Gross weight or other quantity（毛重或其他数量）

1. 填制规范：填写货物使用的数量和计量单位。

2. 注意事项：在 SimTrade 中，一般只填写货物的毛重即可，与装箱单保持一致。

十、Number and date of invoice（发票号和发票日期）

1. 填制规范：填写商业发票的号码与出票日期。

2. 注意事项：在 SimTrade 中，发票号和日期分行填报，内容须与商业发票同类显示内容保持一致，为避免月份、日期的误解，月份最好用英文简写或全称表示。

3. 填写示例：

STINV002298

NOV. 25，2014

十一、Certification（签证机构证明）

1. 填制规范：证明出口商填写信息的正确性，由签发此证的检验检疫机构盖章、授权人手签，并填列出证日期和地点。

2. 注意事项：在 SimTrade 中，此栏无需填写。

十二、Declaration by the exporter（出口商申明）

1. 填制规范：是出口商对填写信息的正确性、原产地以及符合原产地要求的承诺。

2. 注意事项：在 SimTrade 中，仅需在三条线上分别填写原产国（地区）英文名称、进口国英文名称以及地点和日期。其中，原产国统一填写为"CHINA"，地点填写出口商所在城市。

3. 填写示例：

CHINA

U. S. A.

SHANGHAI, DEC. 09，2014

 小贴士

根据真实的普惠制原产地证明书，SimTrade 中的普惠制原产地证书的"11."项后的标题应该是"Certification"，"12."后的标题应该是"Declaration by the exporter"，填写规范按照正确的标题讲解。

汇票的填制规范

一、No.（汇票号码）

1. 填制规范：填写出票人对汇票的编号，一般发票号兼作汇票的编号。

2. 注意事项：在 SimTrade 中，该编号由系统自动产生。

 小贴士

在国际贸易结算单证中，商业发票是所有单据的核心，以商业发票的号码作为汇票的编号，表明本汇票属第×××号发票项下。实务操作中，银行也接受此栏是空白的汇票。

二、Dated（出票日期）

1. 填制规范：填写汇票出具的日期。

2. 注意事项：在 SimTrade 中，采用年/月/日 8 位的填报方式，日期应在合同日期之后。

三、Exchange for（汇票金额）

1. 填制规范：填写货币缩写和表示金额的小写数字。

2. 注意事项：在 SimTrade 中，须分别将币别和金额填在两根横线上，且与合同和信用证金额一致。

3. 填写示例：

USD 36 000

小贴士

除非信用证另有规定，汇票金额不得超过信用证金额，且汇票金额应与发票金额一致，汇票币别须与信用证规定和发票所使用币别一致。

四、at sight...（付款期限）

1. 填制规范：填写汇票的付款期限。

2. 注意事项：在 SimTrade 中，系统有 4 个选项可供选择，其中 "– – – –" 为即期，"30 days after"、"45 days after"、"60 days after" 和 "90 days after" 为远期选项，请根据交易方式进行适当选择。如果是 L/C 方式，汇票付款期限须与信用证一致；D/P 方式下选择即期；T/T 和 D/A 方式下任选一项即可。

五、Pay to the Order of（收款人）

1. 填制规范：填写汇票的 "抬头人" 或 "抬头"。

2. 注意事项：在 SimTrade 中，在 L/C 方式下，填写出口地银行英文名称；如非信用证方式，则填出口商英文名称。

六、the sum of（汇票金额）

1. 填制规范：填写汇票的大写金额。除非信用证另有规定，汇票金额不得超过信用证金额，而且汇票金额应与发票金额一致，汇票币别必须与信用证规定和合同所使用的币别一致。

2. 注意事项：在 SimTrade 中，大写金额应填写在虚线格内，句尾加 "only"（相当于中文的 "整" 字），须与汇票的小写金额一致。

七、L/C No.（信用证号码）

1. 填制规范：填写信用证的号码，非信用证则不填。

2. 注意事项：在 SimTrade 中，须与信用证保持一致。

八、Dated（开证日期）

1. 填制规范：填写信用证开证日，非信用证不填。

2. 注意事项：在 SimTrade 中，须与信用证保持一致。

九、Issued by（开证行）

1. 填制规范：填写开证行名称，非信用证则不填。

2. 注意事项：在 SimTrade 中，填写进口地银行英文名称。

 小贴士

Drawn under（出票依据）表明汇票的起源交易，信用证下出票依据一般填写三项内容，即 L/C No.（信用证号码）、Dated（开证日期）、Issued by（开证行）。托收项下一般填写货物的名称、数量，有时填写起运港和目的港以及合同号码等。如 Coving 40 cartons of platen washing machines shipped from Shanghai to New York under S/C No. 000570。托收项下的汇票应在出票依据栏内或其他位置加注"For Collection"字样，也可只加注"For Collection"字样而不加其他任何说明。

十、To（受票人）

1. 填制规范：即付款人，填写受票人名称和地址。

2. 注意事项：在 SimTrade 中，信用证方式下填写进口地银行英文名称和地址；非信用证方式则填写进口商公司英文名称和地址。

十一、Authorized Signature［授权人签字（右下方空白栏）］

1. 填制规范：填写出票人公司的名称。

2. 注意事项：在 SimTrade 中，填写出口商公司英文名称。

［知识指南］

一、原产地证明书的定义

原产地证明书，简称产地证，是证明货物原产地或制造地的证明文件，主要供进口国海关采取不同的国别政策和国别待遇。在不用海关发票或领事发票的国家，一般要求提供产地证明，以便确定对货物征收的税率。有的国家限制从某个国家或地区进口货物，也要求用产地证来证明货物的来源。产地证明书一般由出口地的公证行或工商团体签发，我国一般由中国出入境检验检疫局或贸促会签发，至于产地证由谁出具或者出具何种产地证，应按信用证规定来办理。

二、汇票的定义

汇票，简称 B/E，是出票人签发的，要求受票人在见票时或在指定的日期无条件支付一定金额给其指定的受款人的书面命令。汇票名称一般使用 Bill of Exchage、Exchange、Draft，一般已印妥，但英国的票据法没有汇票必须标注名称的

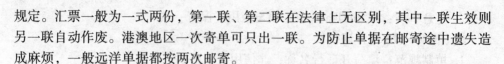
规定。汇票一般为一式两份，第一联、第二联在法律上无区别，其中一联生效则另一联自动作废。港澳地区一次寄单可只出一联。为防止单据在邮寄途中遗失造成麻烦，一般远洋单据都按两次邮寄。

三、国际支付方式

国际经济活动中使用较多的支付方式有汇付、托收、信用证。

（一）汇付（Remittance）

汇付是一种顺汇方法，即由买方（债务人）将货款交给银行，由银行根据汇款指示汇交给收款人的一种付款方式。汇付属于商业信用，是否付款取决于进口商（买方）或服务接受方，付款没有保证。采用此方式对国际经济活动中的当事人来讲都有风险。因而，除非买卖双方有某种关系或小数额的支付，一般很少使用汇付。汇付可分为 T/T（电汇）、M/T（信汇）、D/D（票汇）。

（二）托收（Collection）

托收是债权人委托银行凭票据向债务人收取货款的一种支付方式。托收一般的做法是：由债权人（卖方）根据发票金额，开立以买方为付款人的汇票向债权地银行提出申请，委托银行通过其在债务地分行或其他往来银行，代为向买方收取货款。托收可分为光票托收和跟单托收，跟单托收又可分为 D/P（付款交单）和 D/A（承兑交单）。

（三）信用证（L/C）

信用证是开证行应开证申请人的申请签发的、在满足信用证要求的条件下，凭信用证规定的单据向受益人付款的一项书面凭证。以信用证支付方式付款，是以开证银行自身的信誉为卖方提供付款保证的一种书面凭证。通常，只要出口商按信用证书面规定的条件提交单据，银行就必须无条件付款，所以卖方的货款就会得到可靠的保障。进口商则可以在付款后保证获得符合信用证条件的所有货运单据。

 小结

通过本项目学习，能熟练掌握国际贸易买卖中货款的结算方式和不同货款结算方式的运用技巧。

？思考

1. 汇票的填制有什么注意事项？

2. 汇付、托收和 L/C 三种结汇方式有什么不同？

3. 什么情况下出口商可以选择押汇？

实验项目十二　出口收汇核销与退税

本章导读

　　学生需了解上网查询出口收汇核销的流程，并回顾上网查询出口退税的流程。

　　[实训内容]

　　1. 出口商准备相关单据并向外管局办理出口收汇核销手续。

　　2. 出口商准备相关单据并向国税局办理出口退税手续。

　　[实训目的]

　　1. 了解办理出口收汇核销与退税的流程。

　　2. 学会制作出口收汇核销单送审登记表。

　　[实训步骤]

　　一、出口收汇核销

　　1. 以出口商身份登录，点"Business（业务中心）"，再点标志为"进口商"的建筑物，在"添加单据"中添加"出口收汇核销单送审登记表"进行填写（注：填制说明见[知识指南]出口收汇核销单送审登记表的填制规范，表单样本请参考附录中的附表20）；

　　2. 填写完成后点"检查"，确认通过；

　　3. 回到"Business（业务中心）"，点标志为"外管局"的建筑物，选择"办理核销"业务；

4. 选中单据"商业发票"、"出口货物报关单"、"出口收汇核销单"、"出口收汇核销专用联"、"出口收汇核销单送审登记表"前的复选框，点"核销"，完成核销手续的办理；

5. 与此同时，外管局盖章后返还出口收汇核销单第三联，用以出口退税。

二、出口退税

1. 回到"Business（业务中心）"，点标志为"国税局"的建筑物，选择"退税"业务；

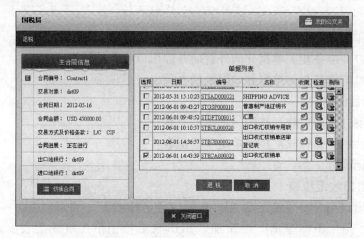

2. 选中单据"商业发票"、"出口货物报关单"、"出口收汇核销单（第三联）"前的复选框，点"退税"，完成退税手续的办理。至此，出口商的工作就完成了。

[知识链接]

出口收汇核销单送审登记表

一、出口单位

1. 填制规范：填写出口单位中文名称。

2. 注意事项：在 SimTrade 中，与出口商"Profile（资料）"中保持一致。

二、核销单和发票编号

1. 填制规范：填写出口收汇核销编号与商业发票编号。

2. 注意事项：在 SimTrade 中，参照单据列表中的相应出口收汇核销单编号与商业发票编号。

三、商品大类

1. 填制规范：填写货物所属类别名称。

2. 注意事项：在 SimTrade 中，填写商品所属类别而非商品名称，可在淘金网"商品基本资料"中查到。

3. 填写示例：

如"滚筒洗衣机"属于"电器"类，此栏目应填"电器"。

四、国别地区

1. 填制规范：填写进口国名称。

2. 注意事项：在 SimTrade 中，填进口商所在国家英文名称。

五、贸易方式

1. 填制规范：填写贸易方式，如一般贸易、来料加工、补偿贸易等。

2. 注意事项：在 SimTrade 中，货物贸易方式为"一般贸易"

六、结算方式

1. 填制规范：填写出口货物的发货人收结外汇方式，填报相应的结汇方式名称或代码。

2. 注意事项：在 SimTrade 中，有四种结汇方式可填，分别是电汇（T/T）或代码"1"、付款交单（D/P）或代码"4"、承兑交单（D/A）或代码"5"、信用证（L/C）或代码"6"。应与合同的结算方式一致。

七、货款

1. 填制规范：填写合同币别与金额。

2. 注意事项：在 SimTrade 中，若合同非 FOB 方式，还需计算 FOB 金额，FOB 金额可以参照"出口货物托运委托书"。

3. 填写示例：

币别	报关金额	FOB 金额
USD	36 000	32 509. 2

八、收汇核销金额

1. 填制规范：填写收汇核销的金额，即合同的金额。

2. 注意事项：在 SimTrade 中，填写币别与金额，应与合同金额保持一致。

3. 填写示例：［USD］［36 000］

［知识指南］

一、国际收支网上申报的基本概念

国家外汇管理局、海关总署、国家税务总局决定，自 2012 年 8 月 1 日起在全国实施货物贸易外汇管理制度改革，取消出口收汇核销单，企业不再办理出口收汇核销手续，只需进行网上申报。国家外汇管理局分支局对企业的贸易外汇管理方式由现场逐笔核销改变为非现场总量核查。外汇局通过货物贸易外汇监测系统，全面采集企业货物进出口和贸易外汇收支逐笔数据，定期比对、评估企业货物流与资金流总体匹配情况，便利合规企业贸易外汇收支；对存在异常的企业进行重点监测，必要时实施现场核查。

二、出口退税的定义

出口退税是指国家为帮助出口企业降低成本，增强出口产品在国际市场上的竞争能力，鼓励出口创汇而实行的，由国内税务机关将在出口前的生产和流通的各环节中已经缴纳的国内增值税或消费税等间接税税款退还给出口企业的一项税收制度。出口退税的企业范围包括：具有外贸出口经营权的企业、委托出口企业（工业企业委托有进出口经营权的企业出口自己的产品）及特定出口退税企业（如外轮供应公司、对外修理修配企业等）。出口退税产品的条件包括：必须属于增值税、消费税征税范围内的产品；必须已报关离境；必须在财务上做出口销售；必须是已完成国际收支网上申报的货物。

小结

通过本项目学习，能熟练掌握上网查询出口收汇核销的流程，并能熟练掌握出口退税的流程。

❓ 思考

1. 国际收支网上申报后，出口收汇核销还需要做吗？

2. 为什么说出口退税制度是国家促进出口的一项重要举措？出口退税率的高低和什么有关？

实验项目十三 进口报检

> **本章导读**
>
> 　　学生需了解进口报检的流程及注意事项，并回顾根据商品的海关编码进行查询，查看贸易商品的监管条件。

　　[**实训内容**]

　　1. 进口商制作入境货物报检单。

　　2. 进口商准备相关单据并向检验机构办理进口检验手续。

　　[**实训目的**]

　　1. 了解办理进口检验的流程。

　　2. 学会制作入境货物报检单。

　　[**实训步骤**]

　　👍 小贴士

　　不是所有的货物进口时都必须报检，在 SimTrade 中，交易商品是否必须进口检验，可在"B2B（淘金网）"的"税率查询"页输入商品的海关编码查询。查到相对应的监管条件后，点击代码符号，若有 A（入境货物通关单），则必须依规定办理进口检验。

　　一、付款和换提货单

　　1. 进口商登录，收取单据到达的通知邮件，回到"Business（业务中心）"，点"进口地银行"，再点"付款"，支付货款；

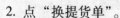

2. 点"换提货单"。

二、准备相应单据

1. 回到"Business（业务中心）"，点标志为"出口商"的建筑物，添加"入境货物报检单"进行填写（注：填制说明见［知识链接］入境货物报检单的填制说明，表单样本请参考附录中的附表21）；

2. 填写完成后点"检查"，确认通过。

三、报检

1. 回到"Business（业务中心）"，点标志为"检验机构"的建筑物，选择"申请报检"业务；

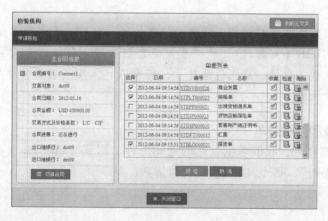

2. 选择单据"销货合同"、"商业发票"、"装箱单"、"提货单"、"入境货物报检单"，点"报检"；

3. 报检完成后，检验机构签发"入境货物通关单"，凭此报关。

[知识链接]

入境货物报检单填制规范

一、报检单位（加盖公章）、登记号、联系人、电话、日期

1. 填制规范：填写报检单位名称并加盖公章或报检专用章，并准确填写本单位报检登记代码、联系人、电话及报检日期。

2. 注意事项：在 SimTrade 中，填写进口商英文名称，报检单位登记号即单位的海关代码，联系人填写公司法人，相关资料可在进口商"Profile（资料）"中查找。报检日期应在报关日期之前。

二、编号

1. 填制规范：填写出入境检验检疫机关给报检单编制的号码。

2. 注意事项：在 SimTrade 中，系统自动生成，不必填写。

三、收货人

1. 填制规范：填写进口商的名称。

2. 注意事项：在 SimTrade 中，仅要求填写收货人（进口商）的英文名称，须与进口商"Profile（资料）"中的内容一致。

四、发货人

1. 填制规范：填写出口商的名称。

2. 注意事项：在 SimTrade 中，要求用中文、英文同时填写，分别填写出口商的中英文名称，须与出口商"Profile（资料）"中的内容一致。

五、货物名称（中/外文）

1. 填制规范：填写货物的名称及规格。

2. 注意事项：在 SimTrade 中，货物的名称和规格要用中文、英文同时填写，需分四行填报，分别是中文名称、中文描述、英文名称、英文描述。

3. 填写示例：

滚筒洗衣机

机型：滚筒洗衣机，自动化程度：全自动，转速：1200 转/分

APPLE ELECTRIC TRADING CO.，LTD.

785 Ygnacio Valley Rd.，Walnut Creek，California，United States

六、H. S. 编码

1. 填制规范：填写商品的海关编码。

2. 注意事项：在 SimTrade 中，注意区分商品编码和商品的海关编码，商品的海关编码就是 H. S. 编码，是按《商品分类及编码协调制度》给商品分配的 10 位数字。

七、原产地

1. 填制规范：填写商品的原产国或地区。

2. 注意事项：在 SimTrade 中，出口货物原产地统一填写为"中国"或"China"。

八、数/重量

1. 填制规范：填写实际申请检验检疫进口货物的数量或者重量及其单位。

2. 注意事项：在 SimTrade 中，填写商品的销售数量及单位，而非包装数量及单位，应与合同保持一致。

九、货物总值

1. 填制规范：填写货物总值，并注明货币单位。对于加工贸易生产出口的货物填写料费与加工费的总和，不得只填写加工费。

2. 注意事项：在 SimTrade 中，货物总值与合同及发票保持一致。

十、包装种类及数量

1. 填制规范：填写货物运输包装的种类及件数。

2. 注意事项：在 SimTrade 中，填写包装数量及单位，而非销售数量及单位，应与装箱单"package"栏保持一致。

3. 填写示例：

40CARTON

十一、运输工具名称号码

1. 填制规范：填写货物实际装载的运输工具类别名称（如船、飞机、货柜车、火车等）及运输工具编号（船名、飞机航班号、车牌号码、火车车次）。

2. 注意事项：在 SimTrade 中，在出口商发来的装船通知（SHIPPING ADVICE）中查找船名（先检查 SHIPPING ADVICE 是否正确，如果有误，请在提货单中查找）。

十二、合同号

1. 填制规范：填写贸易合同编号。

2. 注意事项：在 SimTrade 中，应与销货合同保持一致。

十三、贸易方式

1. 填制规范：填写成交方式，如一般贸易、来料加工、补偿贸易。

2. 注意事项：在 SimTrade 中，只模拟一般贸易，贸易方式填写"一般贸易"。

十四、贸易国别（地区）

1. 填制规范：填写进口国或地区的名称。

2. 注意事项：在 SimTrade 中，填写进口商所在国家的中文名称。

十五、提单/运单号

1. 填制规范：填写货物对应的提单/运单号的编号。

2. 注意事项：在 SimTrade 中，进口商可在从船公司换回的提货单里查找到相应的海运提单号。

十六、到货日期

1. 填制规范：填写到货通知单所列的到货日期。

2. 注意事项：在 SimTrade 中，到货日期参照提货单的相关信息。

十七、启运国家（地区）

1. 填制规范：填写启运国家或地区的名称。

2. 注意事项：在 SimTrade 中，填写出口商所在国家的中文名称，因为出口商统一为中国，所以填写"中国"。

十八、许可证/审批号

1. 填制规范：填写报检时安全质量许可编号或审批单编号。

2. 注意事项：在 SimTrade 中，一般不填。

十九、卸毕日期

1. 填制规范：填写货物实际卸毕的日期。

2. 注意事项：在 SimTrade 中，卸毕日期参照提货单的相关信息。

二十、启运口岸

1. 填制规范：填写报检商品办理报关出运的地点或口岸的名称。

2. 注意事项：在 SimTrade 中，用中文填写，各港口中文名称可在淘金网"运费查询"页查询，必须保持一致。

3. 填写示例：

上海港，不能填写为"上海"。

二十一、索赔有效期至

1. 填制规范：填写合同规定的最迟索赔日期。

2. 注意事项：在 SimTrade 中，索赔有效期一般可按照货物最迟装运日加15天填写，采用年/月/日8位的填报方式。

二十二、经停口岸

1. 填制规范：填写启运后，到达目的地前中途停靠的口岸名称。

2. 注意事项：在 SimTrade 中，不模拟转船运输，一般不填。

二十三、目的地

1. 填制规范：填写货物预定最后抵达的交货港（地）。

2. 注意事项：在 SimTrade 中，填写进口商所在城市的中文名称，也可不填。

二十四、集装箱规格、数量及号码

1. 填制规范：填写装载货物的集装箱规格（如 20'、40' 等）以及分别对应的数量和集装箱号码全称。

2. 注意事项：在 SimTrade 中，集装箱信息可从提货单中查找。

3. 填写示例：

20'×1，GVDU2027764

二十五、合同订立的特殊条款以及其他要求

1. 填制规范：填写合同中双方对本批货物基于特别约定而订立的质量、卫生等条款和报检单位对本批货物的检验检疫的其他特别的要求。

2. 注意事项：在 SimTrade 中，一般不填。

二十六、货物存放地点

1. 填制规范：填写货物卸货时存放的仓储位置。

2. 注意事项：在 SimTrade 中，一般不填。

二十七、用途

1. 填制规范：填写货物的用途，如食用、观赏或演艺、实验、药用、饲用、加工等。

2. 注意事项：在 SimTrade 中，商品的用途明确，一般不填。

二十八、随附单据

1. 填制规范：按实际向检验检疫机构提供的单据，在对应的"□"中打"√"。

2. 注意事项：在 SimTrade 中，商品的检验一般没有特殊要求，通常选择"合同"、"发票"、"提/运单"、"装箱单"，有原产地证书的也可以选择"原产地证"。

二十九、标记及号码

1. 填制规范：填写实际货物运输包装上的标记，即商品的唛头。没有唛头、中性包装或裸装、散装的商品应填"N/M"。

2. 注意事项：在 SimTrade 中，须与合同"Shipping Mark"栏的内容保持一致。

三十、检验检疫费

1. 填制规范：由出入境检验检疫机关填写。

2. 注意事项：在 SimTrade 中，一般不填。

三十一、报检人郑重声明

1. 填制规范：填写报检申请人信息。

2. 注意事项：在 SimTrade 中，填写进口商法人的英文姓名。

三十二、领取证单

1. 填制规范：报检申请人领取单证时填写申请人信息。

2. 注意事项：在 SimTrade 中，一般不填。

［知识指南］

一、进口报检的基本概念

进口报检，指进口国政府机构依法所做的强制性商品检验，以确保进口商品符合政府法规规定。其目的在于提高商品质量，保障国内消费者的利益，保障国家安全及国民健康。目前我国的进出口商品检验机构为出入境检验检疫局。凡列入《出入境检验检疫机构实施检验检疫的进出境商品目录表》（简称《目录表》）的进口商品和其他法律、法规规定须经检验的进口商品必须按规定由国家质量监督检验检疫总局实施强制性检验。需要实施检验的商品必须经检验合格领得证书后，才能办理通关提货。

二、进口报检的程序

（一）进口报检

1. 应实施进口检验的商品，报检人应于进口前详细填写《入境货物报检单》，每份入境货物报检单仅限填报一个合同的商品。

2. 除了报检单，还应同时提交有关的单证和资料，如双方签订的外贸合同、商业发票、装箱单、提运单等必要的单证，向入境所在地的检验机构申请检验，缴纳检验费。

（二）检验与放行

接受报检后，检验检疫机构依规定按国家标准取样进行检验，在检验通过之前，非经获准收货人不得移动货品。对检验合格的商品签发《入境货物通关单》，进口企业即凭此在规定的有效期内报关进口。

1. 列入《目录表》内的进口商品，经检验合格后签发通关单。

2. 对不属于法定检验的进口商品，检验机构可以抽样检验并实施监督管理。

必须经检验检疫机构检验的进口商品以外的进口商品的收货人，发现进口商品质量不合格或残损短缺，需要由检验检疫机构出证索赔的，应当向检验检疫机构申请检验出证。

 小结

通过本项目学习，能熟练掌握进口报检的流程及注意事项，并能根据商品的海关编码进行查询，查看贸易商品的监管条件。

思考

1. 区分出口报检和进口报检单证的填制。
2. 区分出口报检和进口报检单证的流程。

实验项目十四　进口报关与提货

本章导读

　　学生需了解进口报关和提货的相关流程，并了解进口货物报关单的填制规范。

[实训内容]

1. 进口商填制进口货物报关单。

2. 进口商准备相关单据并向海关办理进口报关及提货手续。

[实训目的]

1. 掌握办理进口报关与提货的流程。

2. 熟悉和掌握如何制作进口货物报关单。

[实训步骤]

一、准备相应单据

1. 以进口商身份登录，点"Business（业务中心）"，再点标志为"出口商"的建筑物；添加"进口货物报关单"进行填写（填制说明见[实训指南]－进口货物报关单填制规范，表单样本参考附表）；

2. 填写完成后点"检查"，确认通过。

二、报关

1. 回到"Business（业务中心）"，点标志为"海关"的建筑物，选择"报关"业务；

2. 选择"销货合同"、"商业发票"、"装箱单"、"提货单"、"入境货物通关单"（不需进口检验的商品可免附）、"进口货物报关单"前的复选框，点"报关"；

3. 完成报关，海关加盖放行章后返还提货单与进口报关单。

三、缴纳税款

点"报关"旁边的"缴税"，缴纳税款。

四、领取货物

点"缴税"旁边的"提货"，领取货物。

[知识链接]

进口报关单填制规范

一、预录入编号

1. 填制规范：填写预录入报关单的编号，由接受申报的海关决定编号规则，计算机自动打印。

2. 注意事项：在 SimTrade 中，一般不填。

二、海关编号

1. 填制规范：填写海关接受申报时给予报关单的编号。

2. 注意事项：在 SimTrade 中，一般不填。

三、进口口岸

1. 填制规范：填写货物实际进境口岸海关的名称。

2. 注意事项：在 SimTrade 中，填写目的港海关英文名称。

3. 填写示例：

NEW YORK CUSTOMS

小贴士

在 SimTrade 中，进口国尽管不同，但模拟的仍然是我国进口货物的报关程序，目的是让同学们熟悉我国进出口货物的贸易流程。因此，这就会造成相关单据的填写与实际规范不太相符的情况，请同学们注意区别。

四、备案号

1. 填制规范：填写进口货物收货人在海关办理的备案文件的编号，如加工贸易电子化手册编号、征免税证明编号等。

2. 注意事项：在 SimTrade 中，只模拟一般贸易，无备案审批文件，因此本栏不填。

五、进口日期

1. 填制规范：填写运载所申报货物的运输工具申报进境的日期。

2. 注意事项：在 SimTrade 中，运输工具申报出境的日期参照"提货单"，采用年/月/日 8 位的填报方式，如"2014 – 12 – 16"。

六、申报日期

1. 填制规范：填写海关接受报关企业申请的日期。

2. 注意事项：在 SimTrade 中，应在进口日期之后，采用年/月/日 8 位的填报方式，如"2014 – 12 – 16"。

七、经营单位

1. 填制规范：填写经营单位"中文名称及经营单位海关代码"。

2. 注意事项：在 SimTrade 中，填写进口商的英文名称及单位代码，相关资料在进口商"Profile（资料）"中查找。

3. 填写示例：

APPLE ELECTRIC TRADING CO. , LTD.

0000000819

八、运输方式

1. 填制规范：填写货物运输的实际运输方式。

2. 注意事项：在 SimTrade 中，只模拟海洋运输，因此统一填写为"江海运输"或其运输方式代码表代码"2"。

九、运输工具名称

1. 填制规范：填写载运货物进境的运输工具的名称及运输工具编号，格式为：船名 + "/" + 航次号。

2. 注意事项：在 SimTrade 中，船名及航次号参照提货单。

3. 填写示例：

Maasdam/DY105 – 04

十、提运单号

1. 填制规范：填写进口货物提单或运单的编号。

2. 注意事项：在 SimTrade 中，提单号参照提货单。

十一、发货单位

1. 填制规范：填写发货单位的中文名称和其海关注册编码。

2. 注意事项：在 SimTrade 中，该栏目应与经营单位填写内容一致。

十二、贸易方式

1. 填制规范：应根据实际情况，并按海关规定的《监管（贸易）方式代码表》选择填报相应的贸易方式简称或代码。

2. 注意事项：在 SimTrade 中，只模拟一般贸易，统一填写为"一般贸易"或填写《监管（贸易）方式代码表》中对应的代码"0110"。

十三、征免性质

1. 填制规范：填写海关对进出口货物实施征、减、免税管理的性质类别。

2. 注意事项：在 SimTrade 中，统一填写为"一般征税"或《征免性质代码表》中对应的代码"101"。

十四、征税比例

1. 填制规范：填报海关规定的实际应征税比率，例如5%填报"5"。

2. 注意事项：在 SimTrade 中，一般不填。

十五、许可证号

1. 填制规范：应申领进口许可货物，须填写进口货物许可证的编号，不得为空。

2. 注意事项：在 SimTrade 中，一般不填。

十六、起运国（地区）

1. 填制规范：填写进口货物起始发出直接运抵我国的国家或地区或者在运输中转国（地）未发生任何商业性交易的情况下运抵我国的国家或地区。

2. 注意事项：在 SimTrade 中，填写进口国中文名称。

十七、装货港

1. 填制规范：填写进口货物在运抵我国关境前的最后一个境外装运港名称。

2. 注意事项：在 SimTrade 中，填写装货港中文名称，应与合同保持一致。

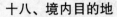

十八、境内目的地

1. 填制规范：填写进口货物在国内的消费、使用地或最终运抵地。

2. 注意事项：在 SimTrade 中，填写进口商所在城市的名称，也可以不填。

十九、批准文号

1. 填制规范：进口货物免于填报。

2. 注意事项：在 SimTrade 中，一般不填。

二十、成交方式

1. 填制规范：根据实际成交价格条款按海关规定的《成交方式代码表》选择填报相应的成交方式或代码。

2. 注意事项：在 SimTrade 中，有三种成交方式可用，分别为：CIF 或 "1"；CFR 或 "2"；FOB 或 "3"。

二十一、运费

1. 填制规范：成交价格中不含有运费的进口货物，应填报该份报关单所含全部货物的国际运输费用。可按运费单价、总价或运费率三种方式之一填报。

2. 注意事项：在 SimTrade 中，本栏统一以运费总价填报，填写格式为：币种＋金额，如：[USD]［3174］，具体金额可参照 SHIPPING ADVICE。由于本次交易采用 CIF 成交，本栏免于填报。

二十二、保费

1. 填制规范：成交价格中不含有保险费的进口货物，应填报该份报关单所含全部货物国际运输的保险费用。可按保险费总价或保险费率两种方式之一填报。

2. 注意事项：在 SimTrade 中，本栏统一以保险费总价填报，填写格式为：币种＋金额，如：［USD］［316.8］。由于本次交易采用 CIF 成交，本栏免于填报。

 小贴士

成交方式、运费和保费三个栏目之间存在联系，具体如下：

成交方式	运费栏	保费栏
FOB	填	填
CFR	不填	填
CIF	不填	不填

二十三、杂费

1. 填制规范：填写成交价格以外的、应计入完税价格或应从完税价格中扣除的费用，如手续费、佣金、回扣等，可按杂费总价或杂费率两种方式之一填报。

2. 注意事项：在 SimTrade 中，一般不填。

二十四、合同协议号

1. 填制规范：填写进出口货物合同的号码。

2. 注意事项：在 SimTrade 中，可参考查看单据列表。

二十五、件数

1. 填制规范：填写有外包装货物总件数。

2. 注意事项：在 SimTrade 中，填入包装总件数，应与装箱单一致。

二十六、包装种类

1. 填制规范：填写进出口货物的实际外包装种类，按海关规定的《包装种类代码表》选择填报相应的包装种类。

2. 注意事项：在 SimTrade 中，填写商品的包装单位，可参看淘金网"商品基本资料"。

二十七、毛重（公斤）

1. 填制规范：填写货物及其包装材料的总重量。

2. 注意事项：在 SimTrade 中，由于该栏默认单位是公斤，因此只需填写数值即可，应与装箱单保持一致。

二十八、净重（公斤）

1. 填制规范：填写货物的毛重减去外包装材料后的重量，即商品本身的实际重量。

2. 注意事项：在 SimTrade 中，由于该栏默认单位是公斤，因此只需填写数值即可，应与装箱单保持一致。

二十九、集装箱号

1. 填制规范：填写集装箱箱体两侧标示的编号，填制规范是集装箱号 + "／" + 规格 + "／" + 自重，如："TEXU3605231／20／2376"。

2. 注意事项：在 SimTrade 中，一般可不填。

三十、随附单据

1. 填制规范：填写随进口货物报关单一并向海关递交的监管单证，不包括合同、发票、装箱单、进出口许可证。

2. 注意事项：在 SimTrade 中，一般只填写入境货物通关单，填制规范是：

监管证件代码 + ":" + 监管证件编号。

3. 填写示例:

A:3784794787975

三十一、用途

1. 填制规范:应根据进口货物的实际用途按海关规定的《用途代码表》选择填报相应的用途或代码。

2. 注意事项:在 SimTrade 中,货物通常都用于自营内销,在《用途代码表》中对应的代码为 01,因此本栏可填"外贸自营内销"或代码"01"。

 小贴士

用途代码表

代码	名称	代码	名称	代码	名称
01	外贸自营内销	02	特区内销	03	其他内销
04	企业自用	05	加工返销	06	借用
07	收保证金	08	免费提供	09	作价提供
10	货样、广告品	11	其他		

三十二、标记唛码及备注

1. 填制规范:填写进出口货物运输标志及一些需要说明的情况。

2. 注意事项:在 SimTrade 中,只填写运输标志,与合同"Shipping Mark"内容保持一致。

三十三、项号

1. 填制规范:填写报关单中的商品排列序号及该项商品在备案单证中的顺序编号。

2. 注意事项:在 SimTrade 中,依序填写商品项目即可,如商品有多项,则按分行列出,如"1、2、3……"。

三十四、商品编号

1. 填制规范:填写商品的海关编码,即 H. S. 编码。

2. 注意事项:在 SimTrade 中,应填写"商品基本资料"中的"海关代码"。

三十五、商品名称、规格型号

1. 填制规范:填写商品规范的名称及规格型号,可加注原文。

2. 注意事项:在 SimTrade 中,分两行填报:第一行填写"英文名称",第二行填写"英文描述"。在"商品基本资料"中查找。

　　3. 填写示例：

滚筒洗衣机

机型：滚筒洗衣机，自动化程度：全自动，转速：1200 转/分

三十六、数量及单位

　　1. 填制规范：填写进口货物的实际销售数量及计量单位。

　　2. 注意事项：在 SimTrade 中，商品销售数量应与合同保持一致，如 40SET。

三十七、原产国（地区）

　　1. 填制规范：填写进口货物生产、开采或加工制造的国家（地区）。应按海关规定的《国别（地区）代码表》选择填报相应的国家（地区）名称或代码。

　　2. 注意事项：在 SimTrade 中，统一填报为"China"。

三十八、单价

　　1. 填制规范：填写出口货物实际成交的商品单位价格。

　　2. 注意事项：在 SimTrade 中，商品单位价格应与合同一致。

三十九、总价

　　1. 填制规范：填写进口货物实际成交的商品总价。

　　2. 注意事项：在 SimTrade 中，商品总价应与合同一致。

四十、币制

　　1. 填制规范：填写进口货物实际成交价格的币种。

　　2. 注意事项：在 SimTrade 中，币制应与合同保持一致。

四十一、征免

　　1. 填制规范：填写海关对进口货物进行征税、减税、免税或特案处理的实际操作方式，填报《征减免税方式代码表》中相应的征减免税方式的名称。

　　2. 注意事项：在 SimTrade 中，货物通常都适用于照章征税，因此填写"照章征税"。

四十二、税费征收情况

　　1. 填制规范：填写海关批注进口货物税费征收及减免情况。

　　2. 注意事项：在 SimTrade 中，一般填写。

四十三、报关员

　　1. 填制规范：填写报关人员的姓名。

　　2. 注意事项：在 SimTrade 中，填写进口商法人的姓名即可。

四十四、申报单位及单位地址、邮编、电话

　　1. 填制规范：填写报关单的申报单位名称及相关信息。

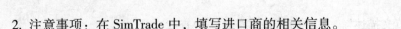

2. 注意事项：在 SimTrade 中，填写进口商的相关信息。

四十五、制单日期

1. 填制规范：填写报关单的填制日期。

2. 注意事项：在 SimTrade 中，不晚于申报日期，采用年/月/日 8 位数字的填报方式。

四十六、海关审单批注及放行日期（签章）

1. 填制规范：由海关关员手工填写在预录入报关单上。

2. 注意事项：在 SimTrade 中，一般填写。

[知识指南]

一、进口报关的定义及程序

与出口报关同理，货物或运输工具进境时，其收货人或其代理人必须按规定将货物送进海关指定的集装箱场、集装箱集散站或码头仓库，向进境口岸海关请求申报，交验规定的证件和单据，接受海关人员对其所报货物和运输工具的查验，依法缴纳海关关税和其他由海关代征的税款，然后才能由海关批准货物和运输工具的放行。放行后，进口人方可办理提货等事宜。进口报关程序的进出口环节一般可分为申报进境、交验货物、缴纳税费及凭单提货四个步骤。与出口报关程序不同的是，进口报关的最后一个流程是提取货物，而出口报关是装运货物。

二、提货的基本概念及流程

进口商完成进口结汇和进口报关手续后，应立即办理提货手续。提货是进口商的义务之一，在货物到达进口地后应尽快提货，否则可能产生相关费用，以及导致货物风险和损失。进口商提货时，应同时对其进行验货，一旦发现货物有残损，应会同承运人、保险人、公证机构等联合检验。

在海洋运输方式下，进口商取得货运单据后，即可持海运提单（B/L）至外运公司换取提货单（D/O）后提货。若为 FOB 下到付运费及其他应付费用时，进口商应及时向承运人支付运费，否则会影响提货。提货方式有仓库提货、集装箱提货及船边提货三种。

1. 仓库提货。进口商办妥进口申报、缴税及放行手续后，即可备妥货车，凭提货单与海关放行单向驻库官员核章，缴纳相关费用后办理提领货物出库手续，并将货物装车运走。

2. 集装箱提货。进口商接到外运公司到货通知后，若为整箱货，则前往集装箱堆场（CY）提货，用拖车将集装箱运走；若为拼箱货，则前往集装箱集散站（CFS）提货，雇卡车运走。

3. 船边提货。进口货品如为危险品、易腐品、活动物、数量庞大无法进仓的货品，应采用此种方式。进口商将提货单（D/O）交给船长或大副，直接用船上的吊杆将货物吊到货主的货车或驳船上，经海关查验后运走。

 小结

通过本项目学习，能熟练掌握进口报关和提货的相关流程，并能熟练掌握进口货物报关单的填制规范。

 思考

1. 如何区别出口报关和进口报关流程？
2. 如何区别出口报关单和进口报关单的填制规范？

实验项目十五 进口付汇核销及销货

本章导读

学生需了解外汇管理局的相关职能，并了解进口付汇核销和退税流程。

[实训内容]

1. 进口商填制进口付汇到货核销表。

2. 进口商准备相关单据并向外管局办理进口付汇核销手续。

3. 进口商在市场上售出货物，收回资金。

[实训目的]

1. 掌握办理进口核销与退税的流程。

2. 学会制作进口付汇到货核销表。

3. 了解市场上的价格变动，掌握销货时机。

[实训步骤]

一、准备相应单据

1. 以进口商身份登录，点"Business（业务中心）"，再点标志为"出口商"的建筑物，添加"进口付汇到货核销表"进行填写。

2. 填写完成后点"检查"，确认通过。

二、付汇核销

1. 回到"Business（业务中心）"，点标志为"外管局"的建筑物，选择"付汇核销"业务；

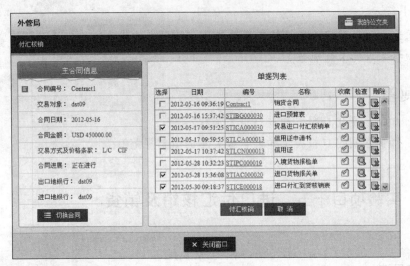

2. 选择单据"进口付汇核销单"、"进口货物报关单"、"进口付汇到货核销表"前的复选框，点"付汇核销"，核销完成。

三、销货

1. 回到"Business（业务中心）"，点标志为"市场"的建筑物；

2. 点"销货",选择编号为 21001 的产品,再点"确定"即可销售货物,销货后点进口商主界面的"Finance(财务)",查看资金状况。至此,全部交易操作完成。

[知识链接]

进口付汇到货核销表填制规范

一、核销年月

1. 填制规范:填写核销的年月。

2. 注意事项:在 SimTrade 中,核销年月应在进口申报日期之后。

二、进口单位名称

1. 填制规范:填写进口单位的公司名称。

2. 注意事项:在 SimTrade 中,填写进口商的英文名称。

三、进口单位编码

1. 填制规范:填写进口单位在外管局的备案的编码。

2. 注意事项:在 SimTrade 中,填写进口商"Profile(资料)"里的"单位代码"。

四、序号

1. 填制规范:填写核销笔数,如"1、2、3……"。

2. 注意事项:在 SimTrade 中,一般只有一笔核销业务,填写"1"。

五、核销单号

1. 填制规范:填写贸易进口付汇核销单编号。

2. 注意事项:在 SimTrade 中,参考查看单据列表中的贸易进口付汇核销单。

六、备案表号

1. 填制规范:填写备案表号。

2. 注意事项:在 Simtrade 中,一般不填。

七、付汇币种金额

1. 填制规范:填写贸易进口付汇核销单中规定的币种与金额。

2. 注意事项:在 SimTrade 中,填写合同币别与金额,如[USD][36 000]。

八、付汇日期

1. 填制规范:填写付款的具体日期。

2. 注意事项:在 SimTrade 中,填写进口商办理付款的日期,可参考相关邮件,采用年/月/日 8 位填报方式。

九、结算方式

1. 填制规范:填写交易的结算方式。

2. 注意事项:在 SimTrade 中,有 L/C、D/P、D/A 和 T/T 四种结算方式,

须与合同一致。

十、付汇银行名称

1. 填制规范：填写实际付汇银行的名称。

2. 注意事项：在 SimTrade 中，填写进口地银行的英文名称，与贸易进口付汇核销单里"付汇银行名称"保持一致。

十一、应到货日期

1. 填制规范：填写实际到货日期。

2. 注意事项：在 SimTrade 中，参照提货单，采用年/月/日 8 位填报方式。

十二、报关单号

1. 填制规范：填写进口货物报关单的编号。

2. 注意事项：在 SimTrade 中，在"查看单据列表"中查找"进口货物报关单"，填写列表中报关单对应的编号（注意不要打开进口货物报关单，因为报关单中没有报关单号）。

十三、到货企业名称

1. 填制规范：填写货物实际使用企业的名称。

2. 注意事项：在 SimTrade 中，填写进口商的英文名称。

十四、报关币种金额

1. 填制规范：填写进口报关货物的总金额和币种。

2. 注意事项：在 SimTrade 中，与进口货物报关单保持一致。

十五、报关日期

1. 填制规范：填写进口货物的报关日期

2. 注意事项：在 SimTrade 中，填写进口货物报关单上的"申报日期"。

十六、与付汇差额

1. 填制规范：填写报关金额与付汇金额的差额。

2. 注意事项：在 SimTrade 中，报关金额与付汇金额都是一致的，不用填写。

十七、凭报关单付汇

1. 填制规范：填写是否凭报关单付汇。

2. 注意事项：在 Simtrade 中，一般不填。

十八、备注

1. 填制规范：填写备注内容。

2. 注意事项：在 SimTrade 中，一般不填。

十九、付汇合计笔数

1. 填制规范：填写实际付汇总笔数，如"1、2、3……"。

2. 注意事项：在 SimTrade 中，一般模拟一笔业务，填写"1"。

二十、付汇合计金额

1. 填制规范：填写实际付汇的总金额。

2. 注意事项：在 SimTrade 中，一般模拟一笔业务，与"报关币种金额"保持一致。

二十一、到货报关合计笔数和金额

1. 填制规范：填写货物正常到达情况下，到货合计笔数和金额。

2. 注意事项：在 SimTrade 中，均为到货报关，到货报关合计笔数和金额分别与"付汇合计笔数"和"付汇合计金额"保持一致。

二十二、填表人和负责人

1. 填制规范：填写表格的填制人及进口付汇企业的法人。

2. 注意事项：在 SimTrade 中，均填写进口商法人的姓名即可。

［知识指南］

一、进口付汇核销的基本概念

进口付汇核销是以付汇的金额为标准核对是否有相应的货物进口到国内或有其他证明抵冲付汇的一种事后管理措施。根据《进口付汇核销监管暂行办法》规定，进口单位应当在有关货物进口报关后一个月内向外汇局办理核销报审手续。在办理核销报审时，对已到货的，进口单位应当如实填写《贸易进口付汇到货核销表》；对未到货的，填写《贸易进口付汇未到货核销表》。

二、进口付汇到货报审

进口付汇到货报审是进口单位根据《进口付汇核销监管暂行办法》的要求，按月将"贸易付汇到货核销表"及所附单证报送外汇局审查的业务过程和手续。进口单位在办理到货报审手续时，须对应提供下列单据：

1. 进口付汇核销单（如核销单上的结算方式为"货到付款"，则报关单号栏不得为空）；

2. 进口付汇备案表（如核销单付汇原因为"正常付汇"，企业可不提供该单据）；

3. 进口货物报关单正本（如核销单上的结算方式为"货到付汇"，企业可不提供该单据）；

4. 进口付汇到货核销表（一式两份，均为打印件并加盖公司章）；

5. 结汇水单及收账通知单（如核销单付汇原因不为"境外工程使用物资"及"转口贸易"，企业可不提供该单据）；

6. 外汇局要求提供的其他凭证、文件。

外汇管理局在接受报审后，办理进口付汇报审业务的手续如下：

1. 外汇局进口核销业务人员初审单据。

2. 初审人员对于未通过审核的单据，应在向企业报审人员明确不能报审的原因后退还进口单位。

3. 初审结束后，经办人员签字并转交其他业务人员复核。

4. 复核人员对于未通过审核的单据，应在向企业报审人员明确不能报审的原因后退还进口单位。

5. 复核无误的，复核员签字并将企业报审的全部单据及 IC 卡留存并留下企业名称、联系电话、联系人。

6. 外汇局将留存的报关单及企业 IC 卡通过报关单检查系统检验报关单的真伪。如无误，则将 IC 卡退进口单位，并在到货报审表和报关单上加盖"已报审"章；如报关单通不过检查，则将有关材料及情况转检查部门。

小结

通过本项目学习，熟练掌握外汇管理局的相关职能，并能熟练掌握进口付汇核销和退税流程。

思考

1. 国际收支网上申报后，进口收汇核销还需要做吗？

2. 进口商什么时候办理缴税？

3. 怎么计算进口关税？

附 录　单据样本

附表 1　国际买卖合同

GUOSHANG ELECTRIC IMPORT&EXPORT COMPANY

Room2501,Shimao Mansion, Yanan West road, Shanghai 200001,P.R.China

SALES　CONFIRMATION

Messrs:	APPLE ELECTRIC TRADING CO, LTD. 785 Ygnacio Valley Rd, Walnut Creek, California, United States	**No.** contract00057002
		Date: 2014-11-18

Dear Sirs,

We are pleased to confirm our sale of the following goods on the terms and conditions set forth

below:

Choice	Product No.	Description	Quantity	Unit	Unit Price	Amount
					[CIF] [NEW YOF]	
○	21001	TYPE:PLATEN WASHING MACHINE,AUTOMATION DEGREE:THE FULLY AUTOMATIC,SPEED:1200 RPM	40	SET	USD900	USD36000
					[添 加] [修 改] [删 除]	
		Total: 40		SET		[USD] [36000]

Say Total:	Thirty Six Thousand Only
Payment:	L/C ▼ [By an irrevocable sight letter of credit in seller's favor for 100% of invoice value.]
Packing:	One set per carton. Each of the carton should be indicated with Product No., G. W., and N. W.
Port of Shipment:	SHANGHAI
Port of Destination:	NEW YORK
Shipment:	All of the goods will be shipped from Shanghai to NEW YORK before Dec 31, 2014 subject to L/C reaching the SELLER by the early of December, 2014.Partial shipments and transshipment are not allowed
Shipping Mark:	N/M
Quality:	As per Product Description NO.001 submitted by us in Nov 13，2014.
Insurance:	The SELLER shall arrange marine insurance covering All Risk bearing CIC for 110% of CIF value and provide of claim, if any, payable in China with U.S.
Remarks:	

BUYERS	SELLERS
APPLE ELECTRIC TRADING CO, LTD.	GUOSHANG ELECTRIC IMPORT&EXPORT COMPANY
Jobs	*Alex Gao*
(Manager Signature)	(Manager Signature)

[打印预览][保存][退出]

附表 2 出口预算表

出 口 预 算 表

合同号: Contract01
预算表编号: STEBG000001 （注：本预算表填入的位数全部为本位币）

项目	预算金额	实际发生金额
合同金额	92 835.68	
采购成本	52 000.00	
FOB总价	62 246.19	
内陆运费	1 235.33	
报检费	200.00	
报关费	200.00	
海运费	29 690.84	
保险费	898.65	
核销费	10.00	
银行费用	400	
其他费用	5 073.87	
退税收入	7 555.56	
利润	10 682.55	

附表 3 进口预算表

进 口 预 算 表

合同号: Contract01
预算表编号: STIBG000001 （注：本预算表填入的位数全部为本位币）

项目	预算金额	实际发生金额
合同金额	11 200	
CIF总价	11 200	
内陆运费	149.03	
报检费	24.13	
报关费	24.13	
关税	1 456	
增值税	1 904	
消费税	0	
海运费	0	
保险费	0	
银行费用	55.49	
其他费用	560	

附表 4 贸易进口付汇核销单

贸易进口付汇核销单（代申报单）

印单局代码： 320000   核销单编号： STICA000001

单位代码 00000005-8	单位名称 Carters Trading Company, LLC	所在地外汇局名称
付汇银行名称 THE CHARTERED BANK	收汇人国别 China	交易编码 0101
收款人是否在保税区：是 □ 否 ☑	交易附言	

对外付汇币种 USD   对外付汇总额 11 200.00

其中：购汇金额 11 200.00   现汇金额   其他方式金额

　　人民币账号 066420123005214   外汇账号

付汇性质

☑ 正常付汇

□ 不在名录   □ 90天以上信用证   □ 90天以上托收   □ 异地付汇

□ 90天以上到货   □ 转口贸易

备案表编号

预计到货日期 09/10/2004   进口批件号   合同/发票号 Contract01/STINV000001

结算方式

| 信用证 | 90天以内 ☑ | 90天以上 □ | 承兑日期 / / | 付汇日期 / / | 期限 天 |
| 托收 | 90天以内 □ | 90天以上 □ | 承兑日期 / / | 付汇日期 / / | 期限 天 |

	预付货款 □		货到付汇（凭报关单付汇） □		付汇日期 / /
汇	报关单号	报关日期 / /	报关单币种	金额
	报关单号	报关日期 / /	报关单币种	金额
	报关单号	报关日期 / /	报关单币种	金额
	报关单号	报关日期 / /	报关单币种	金额
款	报关单号	报关日期 / /	报关单币种	金额
	（若报关单填写不完，可另附纸．）			

其他 □   付汇日期 / /

以下由付汇银行填写

申报号码：＿＿＿＿＿＿＿＿＿＿＿＿＿＿＿＿＿＿＿＿＿＿＿＿＿＿＿＿＿

业务编号：   审核日期： / / （付汇银行签章）

附表5 不可撤销信用证开证申请书

IRREVOCABLE DOCUMENTARY CREDIT APPLICATION

TO: THE CHARTERED BANK   **DATE:** 040819

☐ Issue by airmail ☐ With brief advice by teletransmission ☐ Issue by express delivery ☑ Issue by teletransmission (which shall be the operative instrument)	**Credit NO.** STLCA000001 Date and place of expiry 041015 in the beneficiary's country
Applicant CARTERS TRADING COMPANY, LLC P.O.BOX8935,NEW TERMINALI, LATA. VISTA, OTTAWA, CANADA	Beneficiary (Full name and address) GRAND WESTERN FOODS CORP. ROOM2501, JIAFA MANSION, BEIJING WEST ROAD, NANJING 210005, P.R.CHINA
Advising Bank NANJING COMMERCIAL BANK NO.19 LANE 32 I SEN RD, NANJING 210014, P.R.CHINA	Amount [USD][11 200.00] U.S.DOLLARS ELEVEN THOUSAND TWO HUNDRED ONLY

Parital shipments ☐ allowed ☑ not allowed	Transhipment ☐ allowed ☑ not allowed	Credit available with NANJING COMMERCIAL BANK By ☐ sight payment ☐ acceptance ☑ negotiation ☐ deferred payment at _____	

Loading on board/dispatch/taking in charge at/from

NANJING

not later than 040920

For transportation to: TORONTO

☐ FOB   ☐ CFR   ☑ CIF

☐ or other terms

against the documents detailed herein

☑ and beneficiary's draft(s) for 100 % of invoice value

at **** sight

drawn on   ISSUE BANK

Documents required: (marked with X)

1 (X) Signed commercial invoice in 6 copies indicating L/C No. _____ and Contract No. Contract01

2 (X) Full set of clean on board Bills of Lading made out to order and blank endorsed, marked "freight [ ] to collect / [X]
   prepaid [ ] showing freight amount" notifying   THE APPLICANT

( ) Airway bills/cargo receipt/copy of railway bills issued by _____ showing "freight [ ] to collect/ [ ]
   prepaid [ ] indicating freight amount" and consigned to _____ .

3 (X) Insurance Policy/Certificate in 3 copies for 110 % of the invoice value showing claims payable in CANADA in
   currency of the draft, blank endorsed, covering All Risks and War Risks _____

4 (X) Packing List/Weight Memo in 3 copies indicating quantity, gross and weights of each package.

5 ( ) Certificate of Quantity/Weight in _____ copies issued by _____

6 ( ) Certificate of Quality in _____ copies issued by [ ] manufacturer/[ ] public recognized surveyor _____ .

7 (X) Certificate of Origin in 3 copies issued by MANUFACTURER

8 ( ) Beneficiary's certified copy of fax /telex dispatched to the applicant within _____ hours after shipment advising L/C No., name
   of vessel, date of shipment, name, quantity, weight and value of goods.

Other documents, if any

Description of goods:

01005 CANNED SWEET CORN, 3060Gx6TINS/CTN
QUANTITY: 800 CARTON
PRICE: USD14/CTN

Additional instructions:

1 (X) All banking charges outside the opening bank are for beneficiary's account.

2 (X) Documents must be presented within 21 days after date of issuance of the transport documents but within the validity
   of this credit.

3 ( ) Third party as shipper is not acceptable, Short Form/Blank B/L is not acceptable.

4 ( ) Both quantity and credit amount _____ % more or less are allowed.

5 ( ) All documents must be forwarded in _____ .

( ) Other terms, if any

附表6 信用证

LETTER OF CREDIT

--- MESSAGE TEXT --

:27:SEQUENCE OF TOTAL
1/1
:40A:FORM OF DOCUMENTARY CREDIT
IRREVOCABLE
:20:DOCUMENTARY CREDIT NUMBER
STLCN000001
:31C:DATE OF ISSUE
040820
:31D:DATE AND PLACE OF EXPIRY
041015 IN THE BENEFICIARY'S COUNTRY
:51A:APPLICANT BANK
THE CHARTERED BANK

:50:APPLICANT
CARTERS TRADING COMPANY, LLC
P.O.BOX8935,NEW TERMINALI, LATA. VISTA, OTTAWA, CANADA

:59:BENEFICIARY
GRAND WESTERN FOODS CORP.
ROOM2501,JIAFA MANSION, BEIJING WEST ROAD, NANJING 210005, P.R.CHINA

:32B:CURRENCY CODE, AMOUNT
[USD   ] [11 200.00   ]
:41D:AVAILABLE WITH BY
NANJING COMMERCIAL BANK BY NEGOTIATION

:42C:DRAFTS AT
SIGHT

:42A:DRAWEE
ISSUE BANK

:43P:PARTIAL SHIPMENTS
NOT ALLOWED
:43T:TRANSHIPMENT
NOT ALLOWED
:44A:ON BOARD/DISP/TAKING CHARGE
NANJING
:44B:FOR TRANSPORTATION TO
TORONTO
:44C:LATEST DATE OF SHIPMENT
040920
:45A:DESCRIPTION OF GOODS AND/OR SERVICES
01005 CANNED SWEET CORN, 3060Gx6TINS/CTN, QUANTITY: 800 CARTON
CIF TORONTO, PRICE: USD14/CTN

:46A:DOCUMENTS REQUIRED
+SIGNED COMMERCIAL INVOICE IN 6 COPIES INDICATING CONTRACT NO. CONTRACT01
+FULL SET OF CLEAN ON BOARD BILLS OF LADING MADE OUT TO ORDER AND BLANK ENDORSED, MARKED "FREIGHT PREPAID "
NOTIFYING THE APPLICANT.
+INSURANCE POLICY/CERTIFICATE IN 3 COPIES FOR 110 % OF THE INVOIECE VALUE SHOWING CLAIMS PAYABLE IN CANADA IN
CURRENCY OF THE DRAFT, BLANK ENDORSED, COVERING ALL RISKS, WAR RISKS.
:47A:ADDITIONAL CONDITIONS

:71B:CHARGES
ALL BANKING CHARGES OUTSIDE THE OPENING BANK ARE FOR BENEFICIARY'S ACCOUNT
:48:PERIOD FOR PRESENTATION
DOCUMENTS MUST BE PRESENTED WITHIN 21 DAYS AFTER DATE OF ISSUANCE OF THE TRANSPORT DOCUMENTS BUT WITHIN
THE VALIDITY OF THIS CREDIT

:49:CONFIRMATION INSTRUCTIONS
WITHOUT
:57D:ADVISE THROUGH BANK

附表7 信用证通知书

南京商业银行

Nanjing Commercial Bank

No.19 Lane 32 I Sen Rd, Nanjing 210014, P.R.China

FAX:86-25-27203335

信 用 证 通 知 书

NOTIFICATION OF DOCUMENTARY CREDIT

日期:2004-08-22

TO 致: GRAND WESTERN FOODS CORP. ROOM2501,JIAFA MANSION, BEIJING WEST ROAD, NANJING 210005, P.R.CHINA		WHEN CORRESPOND NG PLEASE QUOTE OUT REF NO.		AD94001A40576
ISSUING BANK开证行 THE CHARTERED BANK P.O.Box99552,Riyadh 22766,KSA		TRANSMITTED TO US THROUGH 转递行 REF NO.		
L/C NO.信用证号 STLCN000001	DATED 开证日期 040820	AMOUNT 金额 [USD] [11 200.00]		EXPIRY PLACE 有效地 CANADA
EXPIRY DATE 有效期 041015	TENOR 期限 SIGHT	CHARGE 未付费用 RMB0.00		CHARGE BY 费用承担人 BENE
RECEIVED VIA 来证方式 SWIFT	AVAILABLE 是否生效 VALID	TEST/SIGN 印押是否相符 YES		CONFIRM 我行是否保兑 NO
DEAR SIRS 敬启者: WE HAVE PLEASURE IN ADVISING YOU THAT WE HAVE RECEIVED FROM THE A/M BANK A(N) **LETTER OF CREDIT**, CONTENTS OF WHICH ARE AS PER ATTACHED SHEET(S). THIS ADVICE AND THE ATTACHED SHEET(S) MUST ACCOMPANY THE RELATIVE DOCUMENTS WHEN PRESENTED FOR NEGOTIATION. 兹通知贵公司,我行收自上述银行信用证一份,现随附通知。票司交单时,请将本通知书及信用证一并提示。 REMARK备注: PLEASE NOTE THAT THIS ADVICE DOES NOT CONSTITUTE OUR CONFIRMATION OF THE ABOVE L/C NOR DOES IT CONVEY ANY ENGAGEMENT OR OBLIGATION ON OUT PART.				

THIS L/C CONSISTS OF   SHEET(S), INCLUDING THE COVERING LETTER AND ATTACHMENT(S).

本信用证连同面函及附件共   纸。

IF YOU FIND ANY TERMS AND CONDITIONS IN THE L/C WHICH YOU ARE UNABLE TO COMPLY WITH AND OR ANY ERROR(S), IT IS SUGGESTED THAT YOU CONTACT APPLICANT DIRECTLY FOR NECESSARY AMENDMENT(S) SO AS TO AVOID AND DIFFICULTIES WHICH MAY ARISE WHEN DOCUMENTS ARE PRESENED.

如本信用证中有无法办到的条款及/或错误,请迳与证申请人联系,进行必要的修改,以排除交单时可能发生的问题。

THIS L/C IS ADVISED SUBJECT TO ICC UCP PUBLICATION NO.500.

本信用证之通知系遵循国际商会跟单信用证统一惯例第500号出版物办理。

此证如有任何问题及疑感,请与结算业务部审证科联络,电话: 86-25-27293344

YOURS FAITHFULL

FOR   *Nanjing Commercial Bank*

附表8 国内买卖合同

买 卖 合 同

卖方: 冠驰股份有限公司　　　　　　　　　　合同编号: Order01

买方: 宏昌国际股份有限公司　　　　　　　　签订时间: 2004-08-20

　　　　　　　　　　　　　　　　　　　　签订地点: 南京

一、产品名称、品种规格、数量、金额、供货时间:

选择	产品编号	品名规格	计量单位	数量	单价(元)	总金额(元)	交(提)货时间及数量
○	01005	甜玉米罐头 每箱6罐，每罐3060克	CARTON	800	65	52 000	2004年4月16日前工厂交货
		合计	CARTON	800		52 000	

添加　修改　删除

合计人民币(大写)	伍万贰仟元整
备注:	

二、质量要求技术标准、卖方对质量负责的条件和期限:

质量符合国标出口优级品，如因品质问题引起的一切损失及索赔由供方承担，质量异议以本合同产品保质期为限。（产品保质期以商标效期为准）

三、交(提)货地点、方式:

工厂交货

四、交 (提) 货地点及运输方式及费用负担:

集装箱门到门交货，费用由需方承担。

五、包装标准、包装物的供应与回收和费用负担:

纸箱包装符合出口标准，商标由需方无偿提供。

六、验收标准、方法及提出异议期限:

需方代表按出口优级品检验内在品质及外包装，同时供方提供商检放行单或商检换证凭单。

七、结算方式及期限:

需方凭供方提供的增值税发票及相应的税收（出口货物专用）缴款书在供方工厂交货后七个工作日内付款。如果供方未将有关票证备齐，需方扣除17%税款支付结给供方，等有关票证全齐后结清余款。

八、违约责任:

违约方支付合同金额的15%违约金。

九、解决合同纠纷的方式:

按《中华人民共和国合同法》。

十、本合同一式两份，双方各执一份，效力相同。未尽事宜由双方另行友好协商。

卖　方	买　方
单位名称: 冠驰股份有限公司	单位名称: 宏昌国际股份有限公司
单位地址: 南京市中正路651号3楼	单位地址: 南京市北京西路嘉发大厦2501室
法人代表或委托人: 张弛	法人代表或委托人: 刘铭华
电话: 86-25-29072727	电话: 86-25-23501213
税务登记号: 320105526914732	税务登记号: 320103756891549
开户银行: 南京商业银行	开户银行: 南京商业银行
账号: SIM-dst023	账号: SIM-dst011
邮政编码: 210016	邮政编码: 210014

附表9　货物出运委托书

货 物 出 运 委 托 书

（出口货物明细单） 日期：2005-09-10

根据《中华人民共和国合同法》与《中华人民共和国海商法》的规定，就出口货物委托运输事宜订立本合同。

合 同 号	Contract01	运输编号	STINV000001
银行编号	dst01	信用证号	STLCN000001
开证银行	THE CHARTERED BANK		

托运人	宏昌国际股份有限公司 南京市北京西路嘉发大厦2501室	付款方式	L/C		
		贸易性质	一般贸易	贸易国别	Canada
抬头人	To order of Carters Trading Company, LLC	运输方式	海运	消费国别	Canada
		装运期限	2004-09-20	出口口岸	Nanjing
通知人	Carters Trading Company, LLC P.O.Box8935,New Terminal, Lata. Vista, Ottawa, Canada	有效期限	2004-10-15	目 的 港	Toronto
		可否转运	NO	可否分批	NO
		运费预付	YES	运费到付	NO

选择	标志唛头	货名规格	件数	数量	毛重	净重	单价	总价
◯	CANNED SWEET CORN CANADA C/NO.1-800 MADE IN CHINA	CANNED SWEET CORN 3060Gx6TINS/CTN	800CARTON	800CARTON	16156.8KGS	14688KGS	USD14	USD11200
TOTAL:			[800][CARTON	][800][CARTON	][16156.8][KGS	][14688][KGS	]	[USD][11200]

[添 加] [修 改] [删 除]

注意事项		FOB价	[USD][7509.58]
		总体积	[20.5888][CBM]
	保险单	险别	ICC(A) WAR RISKS
		保额	[USD][12320]
		赔偿地点	CANADA
		海关编号	0000000003
		制单员	刘铭华

受托人（即承运人）

名称：＿＿＿＿＿＿＿＿＿＿＿

电话：＿＿＿＿＿＿＿＿＿＿＿

传真：＿＿＿＿＿＿＿＿＿＿＿

委托代理人：＿＿＿＿＿＿＿＿＿

委托人（即托运人）

名称： 宏昌国际股份有限公司

电话： 86-25-23501213

传真： 86-25-23500638

委托代理人： 刘铭华

附表 10　出境货物报检单

中华人民共和国出入境检验检疫

出境货物报检单

报检单位 (加盖公章):	宏昌国际股份有限公司				* 编　号 STEPC000001	

报检单位登记号:	19576254	联系人: 刘铭华	电话: 86-25-2350121	报检日期: 2004 年 8 月 20 日

发货人	(中文)	宏昌国际股份有限公司
	(外文)	GRAND WESTERN FOODS CORP.
收货人	(中文)	
	(外文)	Carters Trading Company, LLC

选择	货物名称 (中/外文)	H.S.编码	产地	数/重量	货物总值	包装种类及数量
⌒	甜玉米罐头 每箱6罐, 每罐3060克 CANNED SWEET CORN 3060Gx6TINS/CTN	20058000	China	800CARTON	USD11200	800CARTON

[添加] [修改] [删除]

运输工具名称号码	Zaandam		贸易方式	一般贸易	货物存放地点	Nanjing CY
合同号	Contract01		信用证号	STLCN000001	用途	
发货日期	2004-09-20	输往国家(地区)	Canada	许可证/审批号		
启运地	Nanjing	到达口岸	Toronto	生产单位注册号		
集装箱规格、数量及号码						

合同、信用证订立的检验 检疫条款或特殊要求	标记及号码	随附单据 (划 "√" 或补填)	
	CANNED SWEET CORN CANADA C/NO.1-800 MADE IN CHINA	☑合同 ☑信用证 ☑发票 ☐换证凭单 ☑装箱单 ☐厂检单	☐包装性能结果单 ☐许可/审批文件 ☐ _____ ☐ _____ ☐ _____ ☐ _____

需要证单名称 (划 "√" 或补填)				*检验检疫费	
☐品质证书	___正___副	☐植物检疫证书	___正___副	总金额	
☐重量证书	___正___副	☐熏蒸/消毒证书	___正___副	(人民币元)	
☐数量证书	___正___副	☐出境货物换证凭单		计费人	
☐兽医卫生证书	___正___副	☑通关单			
☐健康证书	___正___副	☐ _____		收费人	
☑卫生证书	_2_正_2_副	☐ _____			
☐动物卫生证书	___正___副	☐ _____			

报检人郑重声明:	领取证单	
1.本人被授权报检。 　　2.上列填写内容正确属实, 货物无伪造或冒用他人的厂名、 标志、认证标志, 并承担货物质量责任。 　　　　　　　　　　签名: 刘铭华	日期	
	签名	

注: 有 "*" 号栏由出入境检验检疫机关填写

◆国家出入境检验检疫局制

[1-2 (2000.1.1)]

附表 11　商业发票

	ISSUER					
	GRAND WESTERN FOODS CORP. Room2501,Jiafa Mansion, Beijing West road, Nanjing 210005, P.R.China		**商业发票** **COMMERCIAL INVOICE**			
	TO					
	Carters Trading Company, LLC P.O.Box8935,New Terminal, Lata. Vista, Ottawa, Canada		**NO.** STINV000001		**DATE** 2004-08-20	
	TRANSPORT DETAILS		**S/C NO.** Contract01		**L/C NO.** STLCN000001	
	From Nanjing to Toronto on Sep. 10, 2004 By Vessel.		**TERMS OF PAYMENT** L/C			
Choice	**Marks and Numbers**	**Description of goods**	**Quantity**	**Unit Price**	**Amount**	
				CIF TORONTO		
⊙	CANNED SWEET CORN CANADA C/NO.1-800 MADE IN CHINA	CANNED SWEET CORN 3060Gx6TINS/CTN	800CARTON	USD14	USD11200	

[添 加] [修 改] [删 除]

Total：[　　800][CARTON] 　　　　　　 [USD][　11 200]

SAY TOTAL: 　U.S.DOLLARS ELEVEN THOUSAND TWO HUNDRED ONLY

(写备注处)

GRAND WESTERN FOODS CORP. (公司名称)

Minghua Liu (法人签名)

附表 **12** 装箱单

ISSUER						
GRAND WESTERN FOODS CORP. Room2501,Jiafa Mansion, Beijing West road, Nanjing 210005, P.R.China			**装 箱 单** PACKING LIST			
TO						
Carters Trading Company, LLC P.O.Box8935,New Terminal, Lata. Vista, Ottawa, Canada			INVOICE NO.		DATE	
			STINV000001		2004-08-20	

Choice	Marks and Numbers	Description of goods	Package	G.W	N.W	Meas.
C	CANNED SWEET CORN CANADA C/NO.1-800 MADE IN CHINA	CANNED SWEET CORN 3060Gx6TINS/CTN	800CARTON	16 156.8KGS	14 688KGS	20.5888CBM

添 加] [修 改] [删 除]

Total: [800] [16 156.8] [14 688] [20.5888]
[CARTON] [KGS] [KGS] [CBM]

SAY TOTAL: EIGHT HUNDRED CARTONS ONLY

(写备注处)

GRAND WESTERN FOODS CORP.(公司名称)
Minghua Liu(法人签名)

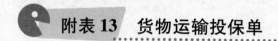

附表 13 货物运输投保单

货 物 运 输 保 险 投 保 单

投保人：宏昌国际股份有限公司 　　　　　投保日期：　2004-08-25

发票号码	STINV000001	投保条款和险别
被保险人	客户抬头 宏昌国际股份有限公司 过户 Carters Trading Company, LLC	( ) PICC CLAUSE (√) ICC CLAUSE ( ) ALL RISKS ( ) W.P.A./W.A. ( ) F.P.A (√) WAR RISKS ( ) S.R.C.C
保险金额	[USD　][12320　　　　]	( ) STRIKE (√) ICC CLAUSE A
启 运 港	Nanjing	( ) ICC CLAUSE B
目 的 港	Toronto	( ) ICC CLAUSE C
转 内 陆		( ) AIR TPT ALL RISKS
开航日期	2004-09-10	( ) AIR TPT RISKS ( ) O/L TPT ALL RISKS
船名航次	Zaandam, DY105-09	( ) O/L TPT RISKS ( ) TRANSHIPMENT RISKS
赔款地点	Canada	( ) W TO W ( ) T.P.N.D.
赔付币别	USD	( ) F.R.E.C. ( ) R.F.W.D.
保单份数		( ) RISKS OF BREAKAGE ( ) I.O.P.
其它特别条款		
	以下由保险公司填写	
保单号码		签单日期

附表 14 出口收汇核销单

出口收汇核销单
存根

(苏 ）编号：STECA000001

出口单位:	宏昌国际股份有限公司
单位代码:	00000003-8
出口币种总价:	[USD][11200]
收汇方式:	L/C
预计收款日期:	2004-10-15
报关日期:	2004-09-10
备注:	

此单报关有效期截止到

出口收汇核销单

STECA000001

(苏 ）编号：STECA000001

出口单位盖章

出口单位: 宏昌国际股份有限公司

单位代码: 00000003-8

银行签注栏	类　别	币种金额	日期	盖章
		[ ][ ]		

海关签注栏：

外汇局签注栏：

　　　年　　月　　日(盖章)

出口收汇核销单
出口退税专用

(苏 ）编号：STECA000001

出口单位盖章

出口单位: 宏昌国际股份有限公司

单位代码: 00000003-8

选择	货物名称	数量	币种总价
C	食品	800 Carton	[USD][11200]

[添加] [修改] [删除]

报关单编号：

外汇局签注栏：

海关盖章

未经核销此联不得断开

　　　年　　月　　日(盖章)

附表 15 出口货物报关单

中华人民共和国海关出口货物报关单

预录入编号：　　　　　　　　　　　　海关编号：

出口口岸 南京海关		备案号		出口日期 2004-09-10	申报日期 2004-09-09
经营单位 宏昌国际股份有限公司 3201965036		运输方式 江海运输	运输工具名称 Zaandam		提运单号
发货单位 宏昌国际股份有限公司 3201965036		贸易方式 一般贸易	征免性质 一般征税		结汇方式 信用证
许可证号		运抵国（地区） Canada	指运港 Toronto		境内货源地 南京
批准文号 007099902		成交方式 CIF	运费 [USD] [3582]	保费 [USD][108.4]	杂费 [ ] [ ]
合同协议号 Contract01		件数 800	包装种类 纸箱	毛重（公斤） 16 156.8	净重（公斤） 14 688
集装箱号 TBXU3605231*1		随附单据			生产厂家

标记唛码及备注
CANNED SWEET CORN
　　　CANADA
　　C/NO.1-800
　　MADE IN CHINA

选择	项号	商品编号	商品名称、规格型号	数量及单位	最终目的国(地区)	单价	总价	币制	征免
○	1	20058000	甜玉米罐头每箱6罐，每罐3060克	800CARTON	加拿大	14	11 200	USD	一般征税

[添 加] [修 改] [删 除]

税费征收情况

录入员 录入单位	兹声明以上申报无讹并承担法律责任	海关审单批注及放行日期(签章)	
报关员 刘铭华		审单	审价
	申报单位（签章）	征税	统计
单位地址 南京市北京西路嘉发大厦2501室		查验	放行
邮编 210005　电话 86-25-235012	填制日期 2004-09-10		

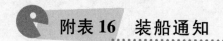
附表 16 装船通知

<u>SHIPPING ADVICE</u>

Messrs.

Carters Trading Company, LLC
P.O.Box8935,New Terminal, Lata. Vista, Ottawa, Canada

Invoice No. STINV000001

Date: 2004-09-10

Particulars

1.L/C No. STLCN000001

2.Purchase order No. Contract01

3.Vessel: Zaandam

4.Port of Loading: Nanjing

5.Port of Dischagre: Toronto

6.On Board Date: 2004-09-10

7.Estimated Time of Arrival: 2004-09-22

8.Container: 20' X 1

9.Freight: [USD   ] [3582   ]

10.Description of Goods:

CANNED SWEET CORN
3060Gx6TINS/CTN

11.Quantity:[800   ] [CARTON   ]

12.Invoice Total Amount: [USD   ] [11 200   ]

Documents enclosed

1.Commercial Invoice: 1

2.Packing List: 1

3.Bill of Lading: 1(Duplicate)

4.Insurance Policy: 1(Duplicate) 2 Copies

Very truly yours, GRAND WESTERN FOODS CORP.

Minghua liu

Manager of Foreign Trade Dept.

附表 17　普惠制产地证明书

ORIGINAL

1.Goods consigned from (Exporter's business name, address, country) GRAND WESTERN FOODS CORP. Room2501,Jiafa Mansion, Beijing West road, Nanjing 210005, P.R.China	Reference No.　STGSP000001 **GENERALIZED SYSTEM OF PREFERENCES CERTIFICATE OF ORIGIN** (Combined declaration and certificate)
2.Goods consigned to (Consignee's name, address, country) Carters Trading Company, LLC P.O.Box8935,New Terminal, Lata. Vista, Ottawa, Canada	**FORM A** Issued in　**THE PEOPLE'S REPUBLIC OF CHINA** (country)
3.Means of transport and route (as far as known) From Nanjing to Toronto On Sep. 10, 2004 By Vessel.	4.For official use

Choice	Item number	6.Marks and numbers of packages	7.Number and kind of packages; description of goods	8.Origin criterion (see Notes overleaf)	9.Gross weight or other quantity	10.Number and date of invoices
◌	1	CANNED SWEET CORN CANADA C/NO.1-800 MADE IN CHINA	800 CARTONS (EIGHT HUNDRED CARTONS ONLY) OF CANNED SWEET CORN 3060Gx6TINS/CTN	"P"	16 156.8KGS	STINV000001 Aug 20, 2004

| 添加 || 修改 || 删除 |

11.Declaration by the exporter **It is hereby certified, on the basis of control carried out, that the declaration by the exporter is correct.**	12.Certification **The undersigned hereby declares that the above details and statements are correct, that all the goods were** **CHINA** produced in ──────────── (country) and that they comply with the origin requirements specified for those goods in the Generalized System of Preferences for goods exported to CANADA (importing country) NANJING, JIANGSU AUG. 25, 2004
Place and date, signature and stamp of certifying authority	**Place and date, signature and stamp of authorized signatory**

附表 18　汇　票

BILL OF EXCHANGE

No. STDFT000001   Dated 2004-08-30

Exchange for USD   11 200

At ———————————————— Sight of this　FIRST　of Exchange

(Second of exchange being unpaid)

Pay to the Order of Nanjing Commercial Bank

the sum of U.S.DOLLARS NINE THOUSAND SIX HUNDRED ONLY

Drawn under L/C No. STLCN000001   Dated 2004-08-20

Issued by THE CHARTERED BANK

To Carters Trading Company, LLC
　　P.O.Box8935,New Terminal, Lata. Vista, Ottawa,
　　Canada
　　　　　　　　　　　　　　　　　　GRAND WESTERN FOODS CORP.

　　———————————————　　————————————————
　　　　　　　　　　　　　　　　　　(Authorized Signature)

附表 19　出口收汇核销单送审登记表

出 口 收 汇 核 销 单 送 审 登 记 表

出口单位：宏昌国际股份有限公司　　　　　　　　　　送审日期：　2004　年　10　月　12　日

核销单编号	发票编号	商品大类	国 别地 区	贸 易方 式	结 算方 式	报关日期	货　　款		收汇核销金额	
							币别	报关金额	FOB金额	
STECA000001	STINV0000	食品	Canada	一般贸易	L/C	2004-09-10	USD	11 200	7509.58	[USD] [11 200]

第一联　外汇局留存

出口单位填表人：刘铭华　　　　　　　外汇局审核人：

附表 20 入境货物报检单

中华人民共和国出入境检验检疫

入境货物报检单

报检单位 (加盖公章): Carters Trading Company, LLC　　　　　　　　　　*编　号 STIPC000001

报检单位登记号: 36572596　　联系人: Carter　　电话: 001613789350 报检日期: 2005年 9 月 22 日

收货人	(中文)		企业性质(划 "√") □ 合资 □ 合作 □ 外资				
	(外文) Carters Trading Company, LLC						
发货人	(中文) 宏昌国际股份有限公司						
	(外文) GRAND WESTERN FOODS CORP.						

选择	货物名称（中/外文）	H.S.编码	原产国(地区)	数/重量	货物总值	包装种类及数量
⌒	CANNED SWEET CORN 3060Gx6TINS/CTN	20058000	Nanjing	800CARTON	USD11 200	800CARTON

[添 加] [修 改] [删 除]

运输工具名称号码 Zaandam			合　同　号	Contract01
贸易方式 一般贸易	贸易国别(地区)	China	提单/运单号	STBLN000001
到货日期 2005-09-22	启运国家(地区)	China	许可证/审批号	
卸毕日期 2004-09-22	启运口岸	Nanjing	入境口岸	Toronto
索赔有效期至 2004-09-30	经停口岸		目　的　地	

集装箱规格、数量及号码 TBXU3605231*1*20'		
合同订立的特殊条款 以及其他要求	货物存放地点	
	用　　途	

随附单据（划 "√" 或补填）	标记及号码	*外商投资财产(划 "√") □ 是 □ 否
☑合同　　　□到货通知	CANNED SWEET CORN	*检验检疫费
☑发票　　　☑装箱单	CANADA	
☑提/运单　　□质保书	C/NO.1-800	总金额 (人民币元)
□兽医卫生证书　□理货清单	MADE IN CHINA	
□植物检疫证书　□磅码单		计费人
□动物检疫证书　□验收报告		
□卫生证书　　□		收费人
□原产地证　　□		
□许可/审批文件　□		

报检人郑重声明:		领 取 证 单	
1.本人被授权报检。 2.上列填写内容正确属实。		日　期	
签名: Carter		签　名	

注: 有 "*" 号栏由出入境检验检疫机关填写　　　　　　　　　◆国家出入境检验检疫局制

[1-2 (2000.1.1)]

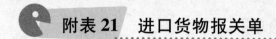

附表 21　进口货物报关单

中华人民共和国海关进口货物报关单

预录入编号：　　　　　　　　　　　　　　海关编号：

进口口岸 TORONTO CUSTOMS		备案号		进口日期 2004-09-22		申报日期 2004-09-23
经营单位 CATERS TRADING COMPANY, LLC 5102852098		运输方式 江海运输	运输工具名称 Zaandam		提运单号 STBLN000001	
收货单位 CATERS TRADING COMPANY, LLC 5102852098		贸易方式 一般贸易	征免性质 一般征税		征税比例	
许可证号	起运国（地区） China		装货港 Nanjing		境内目的地	
批准文号 091323588	成交方式 CIF	运费 [　　][　　　　]		保费 [　][　]	杂费 [　][　]	
合同协议号 Contract01	件数 800	包装种类 CARTON		毛重（公斤） 16 156.8	净重（公斤） 14 688	
集装箱号 TBXU3605231*1	随附单据				用途	

标记唛码及备注
CANNED SWEET CORN
CANADA
C/NO.1-800
MADE IN CHINA

选择	项号	商品编号	商品名称、规格型号	数量及单位	原产国(地区)	单价	总价	币制	征免
○	1	20058000	CANNED SWEET CORN3060Gx6TINS/CTN	800CARTON	China	14	11 200	USD	一般征税

[添 加][修 改][删 除]

税费征收情况

录入员 录入单位	兹声明以上申报无讹并承担法律责任	海关审单批注及放行日期(签章)	
报关员 Carter		审单	审价
	申报单位（签章）	征税	统计
单位地址 P.O.Box8935,New Terminal, Lata. Vista, Ottawa, Canada		查验	放行
邮编　　　电话 00161378935(	填制日期 2004-09-22		

附表22 进口付汇到货核销表

2004 年 9 月贸易进口付汇到货核销表

进口单位名称: Carters Trading Company, LLC　　进口单位编码: 00000005-6　　核销表编号: STICE000001

| 序号 | 核销单号 | 备案表号 | 付汇情况 | | | | 付汇银行名称 | 应到货日期 | 报关单号 | 到货企业名称 | 报关到货情况 | | | | 凭报关单付汇 | 备注 |
			付汇币种金额	付汇日期	结算方式					报关币种金额	报关日期	与付汇差额退汇	其它		
1	STICA00000		[USD][11200]	2004-09-22	L/C	THE CHARTERED BANK	2004-09-22	STIAC00000	Carters Trading Company,	[USD][11200]	2004-09-23				

付汇合计笔数: 1	付汇合计金额: [USD][11 200]	到货报关合计笔数: 1	到货报关合计金额: [USD][11 200]	退汇合计金额: [ ]	凭报关单付汇合计金额: [ ]
至本月累计笔数:	至本月累计金额: [ ]	至本月累计笔数:	至本月累计金额: [ ]	至本月累计金额: [ ]	至本月累计金额: [ ]

填表人: Carter　　　　　负责人: Carter　　　　　填表日期: 2004 年 9 月 22 日

第二联: 进口单位留存　　　　　　　　　　　　　　　　本核销表内容无讹。

参考文献

［1］南京世格软件公司：《Simtrade 操作快速入门》2012 年版。

［2］南京世格软件公司：《Simtrade 外贸实习平台实习指导书》2012 年版。

［3］聂书云、刘伟主编：《国际贸易实务与实训》，北京理工大学出版社 2009 年版。

［4］孟祥年主编：《国际贸易实务操作教程》，对外经济贸易大学出版社 2007 年版。

［5］南京世格软件公司：《〈外贸制单实务〉实习指导书》2012 年版。

［6］刘亚玲主编：《外贸单证实务》，北京师范大学出版社 2009 年版。

［7］陈广、符兴新主编：《国际贸易制单实务》，中国经济出版社 2012 年版。

［8］梁朝瑞、梁松主编：《外贸出口制单实务》，中国对外经济贸易出版社 2003 年版。